Meggie Magnix

Wie sie isst:

- Die 3-Jährige ist stets skeptisch, mag nur Lebensmittel, die sie schon kennt.
- Käsebrote, Joghurt mit Haferflocken, Kartoffelpüree, Kiwi und Wasser ohne Kohlensäure sind die fünf Lebensmittel, die sie kommentarlos und gerne zu sich nimmt.
- Unter ihrem Stuhl fühlt sich jedes Haustier wohl.
- Sie liebt es in der Küche mitzuarbeiten und Lebensmittel zu dekorieren.

Was ihr hilft:

„Schön, dass du fünf Dinge richtig gerne isst!“

- Verschiedene Lebensmittel immer wieder neu anbieten und auch die Ablehnung akzeptieren – bis zu zehn Versuche sind manchmal für einen Erfolg erforderlich.
- Gerichte immer wieder neu zusammenstellen und anders als üblich anbieten, z. B. Suppe aus dem Milchbecher und die Milch aus dem Suppenteller löffeln.
- Ein Spiel anbieten, z. B. mit verbundenen Augen verschiedene Brotsorten schmecken lassen.

Karl Kaufaul

Wie er isst:

- Mit seinen 15 Monaten genießt Karl die Rolle des Kleinsten, in der ihn alle, wortlos wie er ist, verstehen.
- „Hauptsache es rutscht von alleine in den Bauch“
- Vollkornbrot, Fleisch und Rohkost bleiben auf dem Teller liegen.
- Joghurt, Suppen aller Art und reife Birnen sind seine Leidenschaft.

Was ihm hilft:

„Schön, dass du so gerne Suppe isst!“

- Mit viel Sauce und Dips Gerichte, wie z. B. Nudeln, Reis oder Backlinge, saftiger machen.
- Vollkornbrot dünner schneiden und mit cremigem Quark, zerquetschter Avocado oder Bananenpüree befeuchten.
- Für das Müsli die Flocken einweichen und das Obst zur Hälfte pürieren bzw. raspeln.
- Fleisch als Gehacktes anbieten.
- Fischragout mit viel Sauce schmeckt Kindern wie ihm, die nicht gerne kauen oder es noch nicht können.

Die Autorin

Edith Gätjen ist Mutter von vier Kindern und hat ein Enkelkind. Bei einer großen Familie sind die Geschmacksvorlieben sehr unterschiedlich – wie es dennoch gesunde und vollwertige »Lösungen« gibt, die allen schmecken, hat sie in vielen Jahren in der eigenen Küche erprobt. In diesem Buch gibt sie ihre besten Rezepte und ihre Erfahrungen weiter. Neben ihrer privaten Leidenschaft fürs Kochen hat sie auch beruflich mit Kinderernährung zu tun: Als Oecotrophologin und UGB-Gesundheitstrainerin berät sie Familien in Sachen Ernährung und bildet Ernährungsfachkräfte, Krankenschwestern und Hebammen in Ernährungsfragen aus. Sie lebt mit ihrer Familie in der Nähe von Köln.

Für Lennart, Justus, Frieder, Philine,
Lotta und für alle anderen Kinder!

Edith Gätjen

Essensspaß für kleine Kinder

Über 130 schnelle Rezepte:
So schmeckt's auch Gemüsemuffeln und Schleckermäulern

TRIAS

10

Ernährung ab 11 Monaten

Wenn Säuglinge zu Kleinkindern werden, ändert sich auch der Speiseplan. Essen wird jetzt mehr und mehr zum Erlebnis für Ihr Kind, denn es gibt ja so viel Neues zu entdecken!

22

Essen mit der Familie

Mit 18 Monaten ist Ihr Kind schon so weit, dass es am Familientisch mitessen kann – was aber nicht heißt, dass es das immer tut. Wie Sie für harmonische Mahlzeiten sorgen können.

SPECIAL

Kleines Ernährungs-ABC

Von Acrylamid bis Zöliakie – jeder liest und spricht darüber, nur wenige wissen Bescheid. Hier finden Sie nützliches Ernährungswissen, das Ihnen im Familienalltag weiterhilft, etwa zu Themen wie:

Die Rezepte

Kinder freuen sich, wenn sie bei den Großen mitessen dürfen. Hier finden Sie eine reiche Auswahl an Rezepten für gesunde Gerichte, mit denen Sie auch Gemüsemuffel und Schleckermäulchen begeistern können.

Liebe Leserinnen und Leser, lieber Karl, liebe Susi, lieber Gunter, liebe Meggie …,

dieses Buch richtet sich an Sie, die Sie vielleicht in einer vergleichbaren Situation sind wie ich. Wir leben in einem Haushalt mit zwei berufstätigen Eltern, wir haben vier Kinder und legen großen Wert auf gesunde Ernährung, versuchen den Verlockungen der Lebensmittelindustrie zu widerstehen, ohne unendlich viel – vielleicht nicht vorhandene – Zeit für die Zubereitung aufwenden zu müssen, aber auch ohne die Freude am Genießen zu verlieren.

Wir freuen uns in unserer Familie darüber, dass tägliche gemeinsame Mahlzeiten eine Selbstverständlichkeit für uns sind und diese auch jetzt, wo die Kinder durch die Pubertät gehen, ein wichtiger Ort für Kommunikation innerhalb der Familie bleiben. Andererseits erlebe ich in meiner Beratungspraxis viele Familien, die, wenn die Kinder in das Kindergartenalter kommen, immer größere Probleme damit haben, gemeinsam mit Spaß und Genuss zu essen. Hier trifft elterliches Bemühen um eine gesunde Ernährung auf kindliche Widerstände, die oftmals mit dem »Essen an sich« nur wenig zu tun haben. Zur Auflösung dieser Konflikte verbinde ich in meiner Beratungspraxis Wissen über gesunde Ernährung mit pädagogischen Grundlagen, die sehr leicht nachzuvollziehen sind und schnell zu einem guten Erfolg führen.

Gut ernährte Familien wachsen nicht auf Bäumen, sondern sind das Ergebnis einer konsequenten Ernährungserziehung. Ich würde mich freuen, wenn ich Sie mit dem hier vorgestellten Konzept motivieren und Ihnen den Schlüssel zum Erfolg Ihrer individuellen Familienernährung geben kann!

Danken möchte ich meiner eigenen Familie und den vielen anderen Familien, die ich in den letzten 25 Jahren beraten habe, die mir die Möglichkeit gegeben haben, das Familienernährungskonzept sowie die vielen Rezepte zu entwickeln. Ein zusätzlicher Dank gilt meinem ältesten Sohn Lennart, der das Manuskript für mich getippt hat, meinem Mann für das Zuhören und »Mitordnen« meiner Ideen und der gesamten Familie dafür, dass sie so dankbare Esser sind, die meine täglich zubereiteten Mahlzeiten genießen!

Bergisch Gladbach, im Frühjahr 2012 *Edith Gätjen*

So macht gesundes Essen Spaß

Die Milch- und die Beikostzeit, die Zeit, in der Ihr Kind extra versorgt wurde, geht langsam zu Ende. Freuen Sie sich auf gemeinsame Familienmahlzeiten, in denen Spaß und gute Versorgung an erster Stelle stehen. Doch auch beim Thema »Essen« sollten Sie Ihren Erziehungsauftrag nicht vergessen. Leben Sie gesunden Essensspaß vor!

Ernährung ab etwa 11 Monaten

Wenn Säuglinge zu Kleinkindern werden, ändert sich auch der Speiseplan. Wo zuvor die Breimahlzeiten durchorganisiert waren, steht jetzt das Familienessen an. Damit der Übergang gut funktioniert und sich kleine Marotten gar nicht erst einschleichen können, gibt es dieses Buch. Viel Vergnügen beim Kochen und gemeinsamen Essen!

Im ersten Lebensjahr entwickelt sich Ihr Kind rasant. Irgendwann kann Ihr Baby sich auf den Bauch drehen, dann lernt es zu krabbeln, und das meist ganz ohne Hilfe. Was die Ernährung betrifft, ist das Kind auf Sie angewiesen – eine große Verantwortung. Irgendwann reichen ihm die Milch und die Brei-Mahlzeiten nicht mehr und es folgt die Kleinkindernährung. Es heißt, ab dem ersten Lebensjahr sei alles erlaubt, aber gerade aus der Fülle der Möglichkeiten das Beste auszusuchen, bereitet den meisten Eltern oft Schwierigkeiten bei der Umstellung. Jedes Kind entwickelt sich anders: Tempo, Beginn und Art und Weise ist bei jedem Kind verschieden – wie in der ganzen Entwicklung. Nehmen Sie sich einfach Zeit, die Zeichen Ihres Kindes zu deuten, und freuen Sie sich auf eine spannende Zeit mit Ihrem Kind!

Ihr Kind ist nun kein Baby mehr

Mit dem ersten Geburtstag ist Ihr Säugling ein Kleinkind. Doch jedes Kind ist anders und entwickelt sich individuell. Manche Kinder sind motorisch weit entwickelt, haben schon Zähne, beginnen dafür aber erst spät zu sprechen. Und umgekehrt. Lassen Sie Ihrem Kind genug Freiraum und überrumpeln Sie es nicht mit Anforderungen, denen es noch nicht gewachsen ist.

Es gibt Kinder, die mit zehn Monaten schon mit festem Essen experimentieren möchten, andere hingegen sind mit 14 Monaten noch mit ihrem Brei zufrieden. Beide Kinder, **Früh- und Spätesser,** wollen akzeptiert werden. Trotzdem liegt es an den Eltern, das Kind möglichst sanft und ohne Druck Schritt für Schritt ans Familienessen zu gewöhnen. Vergessen Sie dabei nicht Ihre Vorbildfunktion: Selbst die Kleinsten werden für sich die gleichen Rechte einräumen – besonders gerne, wenn Sie mit schlechtem Beispiel vorangehen. Wie in anderen Erziehungsbereichen auch müssen nun Regeln vereinbart werden, die für jedes Familienmitglied, für die Großen genauso wie für die Kleinen, gelten.

Dem Frühesser kann es nicht schnell genug gehen

Die Frühesser sind in der Regel noch nicht ausreichend mit Backenzähnen bestückt, um richtig kauen zu können. Nur mit Backenzähnen ist das Kind in der Lage, die Nahrung richtig zu zerkleinern. Mit der Kauleiste kann es lediglich weiche Lebensmittel zerdrücken und die oft schon im ersten Lebensjahr vorhandenen Schneidezähne dienen nur zum Abbeißen. Mit ein paar Tricks können Sie Ihrem schnellen Esser jedoch das Leben wirklich erleichtern (siehe Kasten).

Wenn Sie einen Frühesser in der Familie haben, freuen Sie sich! Belohnen Sie seine Neugierde mit festen Nahrungsmitteln, achten Sie aber immer darauf, dass auch seine Verdauung mitspielt. Ein Blick in die Windel reicht. Wenn Sie ganze Apfel- oder Möhrenstücke in ihr wiederfinden, sind die Nährstoffe dieser Lebensmittel nicht gut aufgenommen worden. Es gibt allerdings durchaus unverdauliche Anteile in unserer Nahrung wie z. B. die Schale von Paprika, Tomate, von Hülsenfrüchten oder Mais.

WICHTIG

Lebensmittel für vorerst Zahnlose

Meistens kommen die Backenzähne im zweiten Lebensjahr. Erst dann können Kinder wie die Großen alles essen. Nicht so sehr das Abbeißen ist das Problem, sondern eher das Zermahlen und Zerkleinern der Speisen. Die Schneidezähne sind in aller Regel ja schon im ersten Lebensjahr da. Doch ein Kind mit zehn Monaten ist häufig auch in der Lage, das Essen ohne Backenzähne auf den Kauleisten sehr gut zu zermahlen oder durch das Drücken mit der Zunge gegen den Gaumen zu zerkleinern. Dies ist aber abhängig von der Konsistenz des Essens. Beispielsweise sind mürbe Lebensmittel ungünstig, da sie sich zahnlos abbrechen, dann aber nicht mit der Zunge gegen den Gaumen zerdrücken lassen (z. B. Apfelschnitze und Gurkenstücke).

Folgende Lebensmittel lassen sich auch ohne Backenzähne problemlos verspeisen:

- Alles Weiche, das sich mit der Zunge gegen den Gaumen zerdrücken lässt, bevor es heruntergeschluckt wird: z. B. reife Birnen, Aprikosen, Bananen und gekochte Kartoffeln.
- Brot, Brötchen, Zwieback aus Vollkornmehl bröseln langsam im Mund und können vor dem Schlucken gut mit Speichel vermischt werden. Brot und Brötchen aus Weißmehl klumpen hingegen stark in Verbindung mit dem Speichel, sodass sich das Kind eher verschlucken kann.
- Alles, was ganz hart ist, nur gelutscht und nicht abgebissen werden kann, z. B. Möhren- und Kohlrabistifte.

Tun Sie einfach beides: Kochen Sie ein Mittagessen mit festen Bestandteilen, das aber auch püriertes Gemüse enthält. Spirelli-Nudeln mit einer Sauce aus püriertem Gemüse eignen sich hierfür bestens. Ihr Kind freut sich über die festen Nudeln und Sie wissen genau, dass das pürierte Gemüse, das an den Nudeln prima kleben bleibt, von seinem kleinen Körper gut aufgenommen wird. Auch Möhrenwaffeln (Seite 94) oder ein Müsli, zur Hälfte aus Obstmus, sind eine gute Alternative für kleine Frühesser.

(Fast) alles ist erlaubt

Ob Verdauung oder Nierentätigkeit, im Grunde funktioniert nun alles, trotzdem sind Kinder noch nicht so belastbar wie die Großen. Beispielsweise wird **Gegrilltes oder stark Gebratenes** bzw. **Frittiertes** von den Verdauungsorganen noch nicht so gut vertragen, dasselbe gilt für **Salziges** (Matjes, Gepökeltes, Pommes) – die Nieren kommen mit zu viel Salz einfach noch nicht zurecht. Und **scharfe Gewürze** lehnen die meisten Kinder ohnehin ab. Falls nicht, besteht die Gefahr des Wundwerdens und häufig reagiert der kindliche Organismus mit einem enormen Durst; gleichzeitig können sich Kinder noch nicht so differenziert äußern.

Kleine und harte Lebensmittel wie z. B. Johannisbeeren oder Erdnüsse haben eine gefährliche Größe, denn sie bleiben schnell in der Luftröhre stecken. Auch Lutschbonbons sollten noch nicht in Kinderhände geraten. Und weil das kindliche Verdauungs- und Abwehrsystem noch nicht so robust ist wie bei uns, sollten Sie **ungekühlte Reste** und auch ein Essen, das lange warm gehalten worden ist, Ihrem Kind nicht mehr geben. Dasselbe gilt für **Schimmel**: Es reicht nicht, nur die betroffene Stelle wegzuschneiden oder abzuschöpfen (Marmelade), da die Sporen immer schon das ganze Lebensmittel durchziehen. **Honig** dürfen Kinder erst ab 12 Monaten bekommen (Seite 51).

Der Spätesser liebt seine Breie

Solange ein Kind die Breie noch mit Lust und Laune isst, spricht nichts dagegen, etwas zu verändern. Denn dies hat sehr viele Vorteile, Sie wissen, dass alle Nährstoffe gut ins Kind gelangen und es auf und unter dem Tisch sauber bleibt. Aus der Erfahrung heraus fängt der Spätesser mit 15, spätestens aber

WISSEN

Verwirrende Kindermenüs aus dem Gläschen

Die Industrie bietet für Kinder im Übergang von der Beikost zur Kinderernährung Menüs ab dem achten Monat an. Zum Beispiel Gläschen mit Spaghetti Bolognese oder Leipziger Allerlei mit Fleisch und Kartoffeln, die zu zwei Dritteln sehr fein püriert sind und zu einem Drittel aus sehr kleinen Stückchen bestehen.
Die Art der Zubereitung verwirrt die meisten Kinder. Sie wissen nicht, was sie zuerst tun sollen: kauen oder direkt schlucken, denn Kinder brauchen eindeutige Signale. Viele spucken also die kleinen Stückchen aus und in der Regel deuten die Eltern dieses Verhalten falsch. Sie meinen, dass Ihr Kind noch nicht mit Stücken zurechtkommt. Doch selbst Erwachsene hätten Schwierigkeiten, die Gemüse- oder Fleischstückchen im Gläschen zu kauen – man müsste zunächst das Pürierte hinunterschlucken, um überhaupt an die festeren Bestandteile zu gelangen. Niemand macht sich diese Mühe. Und die Stückchen passieren den Magen-Darm-Trakt ungekaut.

▲ Lassen Sie Ihrem Kind genügend Raum, die Welt der Nahrung mit allen Sinnen zu erkunden!

mit 16 Monaten auch an, sich für den Familientisch zu interessieren. Das ist gut so.

Bieten Sie Ihrem Kind dennoch feste Lebensmittel zum Kauenüben an – als Zwischenmahlzeit und Kontrastprogramm zu seinen Breien. Dies ist wichtig für das Training der vielen kleinen Muskeln, die um den Mund herum sitzen, und eine Grundvoraussetzung, um das Sprechen zu lernen. Hier bieten sich kleine Brotstückchen mit Butter, eine Scheibe Knäckebrot, Dinkelstangen (Seite 142) oder weiches und reifes Obst in Stücken für den Vormittag bzw. Nachmittag an. So fördern Sie spielerisch und ohne Druck die Neugierde auf feste und neue Lebensmittel und das selbständige Essen.

Geschmacklich können Sie Ihrem Kind auch in Breiform neue Anreize geben.

In den letzten Jahren ist die Bedeutung des Kontakts mit unterschiedlichen Geschmackswelten in den ersten Lebensjahren des Kindes immer mehr in den Vordergrund getreten. Es gibt in der Ernährungswissenschaft Hinweise darauf, dass ältere Kinder und Jugendliche abwechslungsreiches Essen umso mehr lieben, je abwechslungsreicher der Speiseplan für sie in den ersten Lebensjahren gestaltet war. Auch der frühe Kontakt mit möglicherweise allergenen Lebensmitteln wie Eiern, Nüssen, Fisch oder Tomaten soll von Vorteil sein. Also: Peppen Sie die Breie für Ihr Kind auf – die Form bleibt gleich, aber die Farbe, der Geruch, der Geschmack und die Konsistenz verändern sich.

Verfeinern Sie das Gemüse-Kartoffel-Mus mit einem Löffel Pesto oder geriebenem Parmesan, garen Sie es in einer Rindfleischbrühe oder tauschen Sie die Kartoffeln gegen Nudeln, Reis oder Couscous aus; ein kleines Stück des verwendeten Gemüses können Sie auch roh darunterreiben. In dem Milchbrei können Sie auch ein bis zwei Datteln mitgaren oder zwei Löffel Joghurt unterrühren. Den Getreide-Obst-Brei peppen Sie mit einem Stück Avocado oder mit Nussmusen auf.

Die sechs Phasen der Kinderernährung

Von den paradiesischen Zeiten der Rundum-Versorgung im Bauch der Mutter bis hin zu vier bis fünf täglichen Familienmahlzeiten am Tisch erlebt ein Kind unterschiedliche Phasen der Ernährung. Nicht selten verlängert sich eine Phase oder es wird eine übersprungen.

Wahrscheinlich fragen Sie sich, wie es sein kann, dass Ihr Kind schon einige Ernährungsphasen hinter sich gelassen hat und nun wahrscheinlich vor der vierten steht, wenn Sie dieses Buch in Händen halten. Freuen Sie sich, das Meiste ist geschafft und es stehen Ihrem Kind nur noch zwei Schritte bevor. Der Weg von der vierten zur fünften Phase verläuft fließend (und der von der fünften zur sechsten erst recht!).

1. Phase: Ernährung über die Mutter

In der Schwangerschaft ernährt sich das Ungeborene über Einzelbausteine aus der Nahrung, das heißt, die werdende Mutter verdaut ihre Nahrung und gibt sie über das Blut in Form von Mikronährstoffen kontinuierlich an ihr Kind ab. Wissenschaftler haben gezeigt, dass sich die Geschmacksvorlieben der Mutter durchaus auf ihr Kind übertragen. Und gerade in der Stillzeit bekommt das Baby noch mehr Geschmacksinformationen, da sie direkt über die Muttermilch an das Kind weitergegeben werden.

2. Phase: bis zum 5. bis 7. Monat

Mit dem Durchtrennen der Nabelschnur hört der kontinuierliche Zustrom von Energie und Mikronährstoffen auf, das Kind muss nun in regelmäßigen Abständen Milch trinken. Die Muttermilch ist vollständig auf den noch unreifen Organismus abgestimmt und verändert sich im Laufe der Zeit, stets an die Entwicklung des Säuglings angepasst. Industriell hergestellte Säuglingsmilch ernährt das Kind genauso gut, doch der Anteil der bioaktiven Substanzen ist in der Muttermilch einmalig und nicht zu kopieren.

3. Phase: ab dem 5. bis 7. Monat

Zu Beginn des siebten Lebensmonats des Kindes steht die Umstellung auf die dritte Ernährungsphase bevor. Diese Umstellung sollten Eltern allerdings sehr langsam vornehmen. Denn das Kind erlebt nun eine Zeit, in der die unbewusste Nahrungsaufnahme über das lustgesteuerte Saugen abgelöst wird durch ein bewusstes Essen und Schlucken vom Löffel. Es sind gleich mehrere Aspekte neu: nicht nur die Art der Nahrungsaufnahme, sondern auch das Angebot an Lebensmitteln mit ihren unterschied-

▼ So macht Gemüseessen Spaß – der Gemüselutscher ist schnell zubereitet (S. 109).

Die sechs Phasen der Kinderernährung

	Phase 1	Phase 2	Phase 3	Phase 4	Phase 5	Phase 6
	das Ungeborene	1.–5./7. Lebensmonat	5./7.–11. Lebensmonat	11.–18. Lebensmonat	etwa ab dem 18. Lebensmonat	etwa ab 10 Jahren
Wie	Ernährung über das Blut der Mutter	Lustgesteuertes Saugen an Brust oder Flasche	Langsames Einführen von pürierter Kost über den Löffel, Wasser aus dem Glas, langsames Abstillen bzw. Entwöhnung von der Flasche	Stückige Nahrung und teilweise noch pürierte Kost, teilweise selbstständiges Essen mit Gabel und Löffel, Trinken aus dem Glas	Selbstständiges Essen vollwertiger Kindernahrung (je nach Entwicklung), Trinken ausschließlich aus dem Glas	Vollwertig und abwechslungsreich wie Erwachsene
Wie oft	24 Std. am Tag	6- bis 8-mal am Tag	4- bis 5-mal am Tag	4- bis 5-mal am Tag	4- bis 5-mal am Tag	3- bis 5-mal am Tag

lichen Geschmäckern und Konsistenzen. Aber nicht nur das Essen will gelernt sein, auch das Trinken aus dem Glas!

Isst das Kind immer mehr von der Beikost und die Milchmahlzeiten werden deutlich weniger, werden die Kleinen auch schon bald neugierig auf die Teller der anderen blicken. Das Interesse an den Lebensmitteln, die die Großen essen, nimmt deutlich zu. Einige Kinder beschließen schon mit zehn Monaten, keinen Brei mehr zu essen. Aber das Überspringen der Phasen 4 und 5 auf dem Weg zur Erwachsenennahrung ist sicherlich nicht sinnvoll.

4. Phase: ab dem 11. Monat

Manche Kinder sind sehr schnell nicht mehr an ihren Breien interessiert, die anderen lassen sich Zeit und löffeln zufrieden ihr püriertes Mittagessen. Die frühen Esser können wegen fehlender Backenzähne noch nicht alles kauen und man sollte ihnen Püriertes zur optimalen Entwicklung unterjubeln, die Späten brauchen Kau-Anregung mit festen Lebensmitteln, am besten während ihrer Zwischenmahlzeiten (Seite 11).

5. Phase: ab dem 18. Monat

Die Kinder können – je nachdem, wie viele Zähne sie nun besitzen – alles essen. Die meisten benutzen schon gerne alleine Löffel und Gabel. Und jetzt kommt auch immer mehr Erziehung ins Spiel: Als Eltern bestimmen Sie, wann und wie eine Mahlzeit stattfindet und was es gibt; das Kind übernimmt die Verantwortung über seinen Appetit, seinen Geschmack, seinen Hunger und sein Sättigungsgefühl. So werden keine Kämpfe bei Tisch geführt und Essmarotten haben wenig Chancen, überhaupt erst zu entstehen.

Wünschen würde ich mir, dass Familien die Phase 5 und Phase 6 zu einer genussvollen und entspannten Familienernährung werden lassen. Die Rezepte hierzu finden Sie ab Seite 65.

6. Phase: ab 10 Jahren

Das Ernährungsverhalten wird ab ca. 10 Jahren weder von biologischen Entwicklungsphasen noch von den Eltern gesteuert und die Kinder sind für die Ratschläge der Eltern nur noch bedingt empfänglich. Die Welt der Freunde und Idole wird immer wichtiger, die Werbung tut ein Übriges dazu. Machen Sie mit und bleiben Sie gelassen, wenn die Basis stimmt, dann kommen alle Jugendlichen wieder darauf zurück, was sie in den fünf vorhergehenden Phasen gelernt und erlebt haben. Spätestens, wenn sie sich selber versorgen oder für Freunde kochen, werden die Kochtipps und -tricks der Eltern wieder aktuell.

Mahlzeiten sind wichtige Rituale

Ab dem elften Lebensmonat bekommt Ihr Kind nun schon ganz gut mit, wie sein Tag strukturiert ist. Es erfährt seinen Tagesablauf vor allem über die Mahlzeiten. Kinder können zwar noch nicht mit der Uhr leben, sind aber durchaus in der Lage, Frühstück, Mittagessen und Abendessen mit bestimmten Handlungen, die entweder davor oder danach folgen, in Verbindung zu bringen. So weiß Ihr Kind z. B.: Nach der warmen Mahlzeit gehe ich für kurze Zeit schlafen und draußen ist es hell, nach der Brotmahlzeit (bzw. Breimahlzeit) gehe ich für längere Zeit schlafen und dabei ist es dunkel.

Rhythmen und Rituale, die täglich wiederkehren, vermitteln Ihrem Kind enorme Sicherheit und machen es ausgeglichen. Und auch sein Biorhythmus schreibt eine Einteilung des Tages in vier bis fünf Mahlzeiten vor. In einen Kindermagen passt weniger, als man denkt, daher brauchen Kinder regelmäßig Nachschub, damit sie mit genug Energie und Nährstoffen versorgt durch den Tag kommen.

Daueressen dämpft den Hunger: Dass die Hauptmahlzeiten am Tisch eingenommen werden, ist allgemein üblich, aber auch die Zwischenmahlzeiten sollten einen Anfang und ein Ende haben und das Kind sollte dazu mit Ihnen am Tisch sitzen. Dadurch vermeiden Sie Daueressen über den ganzen Tag. Entweder spielen, toben, schmusen oder essen. Wer ständig an irgendetwas herumlutscht und ständig etwas isst, verspürt gerade zu den Hauptmahlzeiten keinen Hunger. Übrigens gibt es eine Regel, die lautet: Niemals in der Bewegung und unbeobachtet das Kind essen lassen – die Gefahr, dass das Kind sich verschluckt, ist einfach noch zu groß.

Das Essen bei Tisch

Freuen Sie sich nun auf immer mehr gemeinsame Mahlzeiten mit Ihrem Kind am Tisch. Dies fördert das Familiengefühl ungemein, erfordert allerdings eine Menge Disziplin Ihrerseits. Achten Sie bei gemeinsamen Mahlzeiten auf eine gute Atmosphäre, denn Essen ist mehr als Nahrungsaufnahme – gemeinsames Essen heißt auch Kommunikation. Für die gute Atmosphäre sind Sie allein verantwortlich, Telefon, Handy, Fernseher und Radio sollten ausgeschaltet sein, der Tisch schön gedeckt und frei von den Dingen, die Sie für die Mahlzeit nicht brauchen. Ein guter Duft in der Nase, eine Blume oder Kerze auf dem Tisch im Blick, vertraute Personen in der Nähe führen zu positiven Emotionen in Verbindung mit dem gemeinsamen Essen. Und positive Emotionen sind die besten Lernverstärker. Wenn Ihr Kind in der nächsten Zeit am liebsten beim Essen wieder auf Ihrem Schoß sitzen und von Ihrem Teller mitessen möchte, lassen Sie es zu, es ist nur eine kurze Phase, die Ihrem Kind aber ganz viel Sicherheit gibt und seine Neugierde fördert, denn alles das, was Sie essen, wird aus dem Blick Ihres Kindes wohl etwas Gutes sein!

Die gute Atmosphäre ist das eine, gleiche Rechte für alle am Tisch sind das andere. Zum Beispiel haben Nahrungsmittel, die Ihr Kind aus welchen Gründen auch immer noch nicht bekommen sollte, auf dem Tisch auch nichts zu

> TIPP
>
> **Kindergeschirr – ist das nötig?**
>
> Ob Sie Ihrem Kind nun auch einen Spaghettiteller, ein normales Trinkglas, Messer und Gabel anbieten oder lieber damit noch warten und die für Kinder angebotene Plastikvariante bevorzugen, bleibt Ihnen überlassen. Meine Erfahrung hat gezeigt, dass auch sehr kleine Kinder einen schön gedeckten Tisch schätzen, an dem alle Essensplätze gleichwertig sind. Es fühlt sich der Tischgemeinschaft zugehörig und geht auch sorgfältig mit dem Porzellanteller oder dem Wasserglas um. Denken Sie daran: Wer im Mittelpunkt steht, gehört ganz schnell nicht mehr zur Gemeinschaft!

suchen. Denn für ein Kind ist es nicht es nicht zu verstehen, weshalb die Erwachsenen ein Schokoladencremebrot essen dürfen, sie selbst aber nicht. Deshalb ist es nun an der Zeit, sehr genau zu überlegen, inwieweit Sie Ihre »Laster« weiterleben oder zu gemeinsamen neuen »gesunden« Gewohnheiten kommen. Also: Entweder Sie ändern Ihr Verhalten, indem Sie ab sofort z. B. nur noch Käsebrote essen, oder Sie akzeptieren auch zukünftig die von Ihnen vorgelebten ungünstigen Angewohnheiten bei Ihrem Kind. Sie sind nun eine Tischgemeinschaft und haben die gleichen Rechte. Und Sie wissen ja: Wer sich durch irgendetwas in den Mittelpunkt stellt oder gestellt wird, gehört sehr schnell nicht mehr dazu. Daraus leitet sich eine ganz einfache Regel ab: Wann gegessen wird, was und wie gegessen wird, das bestimmen Sie. Ihr Kind bestimmt, ob und wie viel es isst.

Matschen: nein! – Ausprobieren: ja!

Einen hohen Anspruch an die Tischmanieren sollten Sie bei einem Kind ab elf Monaten noch nicht stellen. Das sinnliche Experimentieren mit dem Essen steht für das Kind jetzt im Vordergrund. Bieten Sie öfter Fingerfood an und lassen Sie es auch mal Nudeln mit den Händen essen. Es spricht nichts dagegen, wenn die Kleinen ihre Käsebrotstücke auf dem Frühstücksbrett aufreihen und der Käsebrotzug dann Abteil für Abteil im kleinen Mund verschwindet. Fängt Ihr Kind hingegen an zu matschen und möchte es Sie provozieren, sollten Sie eingreifen. Ziehen Sie Ihre eigene innere Grenze und handeln Sie klar und deutlich. Immer. Und denken Sie daran: Niemals sollte Essen von Regeln bestimmt sein, Spaß und Genuss spielen für uns und für Kinder die größte Rolle.

Schicken Sie Ihr Kind mit einem Rucksack voller Ideen, Regeln und Empfehlungen auf die Reise mit dem Ziel einer gesunden Ernährung. Begleitet wird Ihr Kind von Spaß und Genuss, den Sie ihm vorleben. Bei einigen Kindern müssen wir als Eltern während dieser Reise häufig darauf hinweisen, den Rucksack zu öffnen und die eine oder andere Regel zu gebrauchen. Es gibt aber auch Kinder, die regelmäßig und selbstständig ihr Reisegepäck auspacken und nutzen. Denn wer Freude am gemeinsamen Essen hat, bleibt neugierig und flexibel und muss am Esstisch keine Nebenkriegsschauplätze eröffnen.

▼ Die Kleinsten dürfen Nudeln ruhig auch mit den Händen essen.

Gut versorgt durch den Tag

Wie viel Ihr Kind wovon essen darf und sollte, bestimmt die Handgröße Ihres Kindes – und die Lebensmittelgruppe. »Freie Fahrt« heißt es bei Wasser, Gemüse, Obst und den Sattmachern Brot und Co., mit angezogener Bremse sollte Ihr Kind bei tierischen Lebensmitteln fahren, bei Fettem und Süßem besser anhalten.

Wasser, Tee und Schorle: reichlich zum Durstlöschen

Die empfohlenen Mengen liegen bei 110 ml Flüssigkeit pro kg Körpergewicht. Das heißt, ein 10 kg schweres Kind braucht einen guten Liter Flüssigkeit. Gibt es mittags Suppe, können Sie die Menge abziehen. Für die Praxis bedeutet das: Ihr Kind trinkt so viel, wie es trinkt – Sie bieten ihm ein Getränk aus dem Glas an und trinken selber mit, fertig. Bei größeren Kindern macht es Sinn, das Getränk so zu positionieren, dass das Kind sich selbst bedienen kann. Achtung: Starker Durst signalisiert, dass dem Körper bereits Flüssigkeit fehlt. Bleiben Sie bei **Wasser** und/oder ungesüßten Tees. Saftschorlen gibt's, wenn Besuch kommt. Milch wird übrigens nicht als Getränk angerechnet, sondern gehört zu den Lebensmitteln.

Vielleicht kennen Sie von Ihren Eltern die Regel, dass bei Tisch nichts getrunken wird. Vergessen Sie das! Weder wird der Magensaft verdünnt, noch wird die Verdauung gestört. Das Einzige, worauf Sie achten sollten, ist, dass Ihr Kind nicht das angekaute Essen hinunterspült!

Wie viel trinken?

6 Gläser, wobei das Glas so groß ist, dass es spielend mit einer Hand getragen werden kann.

- 1 bis 3 Jahre: 300 – 700 ml pro Tag
- 4 bis 6 Jahre: 800 ml pro Tag
- Im Hochsommer und nach sportlichen Aktivitäten erhöht sich der Bedarf!

Welche Getränke?

- Wasser
- ungesüßte Tees, wie z. B. Hagebutte, Hibiskus, Apfelschalen oder Kräuterteemischungen
- verdünnte Säfte mit Wasser oder Tee im Verhältnis 1 : 3 – 4

Gemüse und Obst: mehr, als die Hände tragen können

Gemüse und Obst liefern in frischer und roher bzw. schonend gegarter Form (Seite 66) eine Fülle von Vitaminen, Mineralstoffen und Ballaststoffen und zugleich wenig Energie. Zusätzlich haben Gemüse und Obst einen hohen Wasseranteil. In der Zeit der Beikost hat rohes Obst schon seinen Platz gehabt, aber rohes Gemüse bekommen Kinder in der Regel im ersten Lebensjahr nicht. Jetzt gilt: **Obst** immer frisch und roh essen, **Gemüse** zur Hälfte roh und zur anderen Hälfte in schonend gegarter Form. Wie viel sollte es denn sein?
Die 5-am-Tag-Regel kann auch schon beim Einjährigen angewandt werden, das heißt: fünfmal am Tag eine Portion frisches Gemüse bzw. Obst. Eine Portion ist die Menge, die in die jeweilige Hand des Essers hineinpasst. Schauen Sie sich die Hand eines Kindes in diesem Alter an: Da finden höchstens ein kleiner halber Apfel bzw. drei Kirschtomaten Platz.

Für die Praxis heißt das: Zum Frühstück gibt es einen halben Apfel, zum zweiten Frühstück die andere Hälfte. Beim Mittagessen beginnen Sie, langsam rohes Gemüse einzuführen, wie z. B.: Apfel-Möhren-Salat (Seite 108) oder Blumenkohlsalat (Seite 110). Am Nachmittag gibt es dann ein paar Erdbeeren oder eine Mandarine, je nach Saison, und zum Abendessen Tomaten- oder Gurkenscheiben auf dem Brot. Vielleicht kommen auch schon Gemüsesticks mit Dip gut an (Seite 114). Ein Glas frisch gepresster Obst- oder Gemüsesaft ist

Gunter Gemüsnix

▲ Frisches Obst und Gemüstesticks sind für Kinder ideal als Zwischenmahlzeit.

auch eine willkommene Abwechslung. Einigen Kindern kann man auch mit einer Frucht-Buttermilch (Seite 80) eine Überraschung machen.

Das rohe Gemüse ersetzt aber nicht das gegarte Gemüse zum Mittagessen. Einige Vitamine und besonders die Mineralstoffe werden nur durch schonend gegartes Gemüse gut aufgenommen. Bei Obst und Gemüse gibt es keinerlei Einschränkungen bezüglich der Sorten. Was gekaut und vertragen wird, darf gegessen werden. Wenn Kohl oder Hülsenfrüchte richtig gegart werden, machen sie kleinen Kindern keine Probleme, liefern aber sehr wertvolle Nährstoffe (Seite 51).

Wie viel Gemüse und Obst pro Tag?

- 5-mal am Tag eine Portion (1 Portion = 1 Hand voll)
- 1 bis 3 Jahre: 330 – 430 g pro Tag + 90 g Kartoffeln
- 4 bis 6 Jahre: 500 – 550 g pro Tag + 130 g Kartoffeln

Welche Sorten und wie zubereitet?

- saisonal, regional, reif und frisch, möglichst aus kontrolliert biologischem Anbau
- Obst immer roh
- Gemüse zur Hälfte roh, zur Hälfte schonend gegart
- 1-mal pro Woche Hülsenfrüchte
- milde Kohlsorten (Blumenkohl, Brokkoli, Kohlrabi)
- süßes Gemüse, z. B. Möhren, Mais, Erbsen

Brot, Nudeln und Flocken: zum Sattessen

Getreide und Getreideprodukte aus dem vollen Korn versorgen uns mit vielen Kohlenhydraten, die wichtigste Energiequelle für unseren Körper. Vollkornprodukte sind reich an Ballaststoffen, B-Vitaminen, Mineralstoffen, Stärke und mehrfach ungesättigten Fettsäuren (Seite 55). Die wertvollsten Nährstoffe befinden sich im Keim und in den Randschichten des Getreidekorns, welche nur in 100-prozentigen Vollkornprodukten enthalten sind. Es gibt keinen Grund, ein Kleinkind erst an Weißmehlbrot und -brötchen zu gewöhnen, denn es verträgt ohne Probleme auch **Vollkornbrot**. Wenn es schon früh Gebäck und Brot aus dem vollen Korn kennenlernt, wird es sie auch anstandslos akzeptieren. Hierbei geht es nicht nur um den Geschmack, sondern auch darum, dass das Verdauungssystem auf komplexere Nahrungsbestandteile vorbereitet wird.

Sie ersetzen nun Morgen- und Abendbrei häufig durch Brot, am besten aus fein gemahlenem Vollkorn. Ob Sie sich für Dinkel, Weizen oder Roggen entscheiden, ist egal – Sie werden schnell

> TIPP
>
> **Möhrenschummel**
>
> Wenn Ihr Kind noch nicht richtig kauen kann, dünsten oder dämpfen Sie eine Möhre im Ganzen, sodass sie bissfest bleibt und auch ein Kind mit 14 Monaten das Gefühl bekommt, ein ganzes Stück Gemüse essen zu können. Mit der Zeit garen Sie die Möhre immer kürzer. Hier bedeuten Erziehung und Genuss mehr als die Empfehlung, Rohkost zu essen.

herauskriegen, welche Sorte Ihr Kind am liebsten mag. Mit einem hohen Anteil (mehr als 20 Prozent) von ganzen Körnern oder Saaten kommt ein Kind, das noch nicht gut kauen kann, schlecht zurecht. Sonnenblumen- oder Kürbiskerne und Getreidekörner schaden Ihrem Kind nicht, aber bringen auch nichts, wenn Sie sie unverdaut in der Windel wiederfinden. Das Kind hat dann eher tendenziell zu wenig Getreide aufgenommen.

Schon etwas ältere Kinder werden wegen des hohen Ballaststoffanteils zum intensiven Kauen angeregt, was die Entwicklung des Kiefers fördert und gut ist für die Zähne. Nicht zu unterschätzen ist auch, dass ein hoher Anteil an Ballaststoffen Verstopfung vorbeugt.

▼ Weintrauben sind besonders süß und daher immer sehr beliebt!

WICHTIG

In der Not schmeckt Wurst auch ohne Brot?!

Nein! Jedes Kind, wirklich jedes, versucht schon sehr früh, Käse oder Wurst, sogar Aufstriche ohne das Brot zu essen. Bei den Brotmahlzeiten geht es darum, Ihr Kind mit vollwertigem Getreide zu versorgen; das, was obendrauf liegt, spielt eher eine Nebenrolle. Signalisieren Sie Ihrem Kind von Anfang an, dass Brot und Belag zusammengehören. Anfangs funktioniert das nur, indem Sie dem Wurst-vom-Brot-Esser kleine Käse- oder Wurstbrotstücke reichen und mit dem nächsten warten, bis das erste aufgegessen ist. Man erntet zwar bei den ersten Malen Protest, aber bald schon hat sich Ihr Kind an die Prozedur und das Brot gewöhnt.

Was kommt aufs Brot?

Kinder lieben Frischkäse oder Schnittkäse wie beispielsweise Gouda oder Bergkäse. Auch vegetarische Gemüseaufstriche, magerer Bratenaufschnitt und selbst gemachte Fruchtaufstriche (Seite 75) essen die Kleinen schon gerne. Nussmuse, die es im Bioladen im Glas zu kaufen gibt, sind besonders empfehlenswert, aber auch selbst gemachte Aufstriche wie z. B. rote Butter (Seite 116). Auch Bananenscheiben, zerdrückte Avocado oder Tomatenwürfel bieten eine gute Abwechslung, bestimmt auch für die ganze Familie!

Müsli und Vollkorn-Pasta

Essen Sie morgens gerne **Müsli,** werden Sie sicherlich auch Ihr Kind dafür begeistern können. Feine Haferflocken, gemahlene Mandeln und eingeweichte Rosinen schmecken schön mild und lassen sich prima mit Milch, Joghurt oder Dickmilch kombinieren. Wenn noch klein geschnittene Früchte oder auch Obstmus dabei sind, umso besser.

Vollkornnudeln, Vollkornreis oder auch andere Getreide wie Hirse und Polenta haben ihren Auftritt beim Mittagessen: mit einer gut gewürzten und kunterbunten Gemüsesauce (Seite 122).

Wie viel Getreide pro Tag?

- 1 bis 3 Jahre: 80 – 120 g pro Tag (entspricht etwa 4 Scheiben Brot (eine Scheibe Brot ist so groß wie die Handinnenfläche); 1 Scheibe Brot können Sie durch 1 Portion Flocken oder Müsli ersetzen (eine Portion Flocken passt in die Schale, die aus zwei Händen geformt ist)
- 4 bis 6 Jahre: 170 g

Susi Süßling

WICHTIG

Entwöhnung von der Flasche

Ihr Kind ist mit einem Jahr nun kein Säugling mehr, sondern ein Kleinkind. Es sollte nun bewusst an den Löffel und ans Glas gewöhnt werden. Säuglinge saugen mit Lust an Brust und Flasche, trotzdem sollten Kinder nach und nach entwöhnt werden. Im Mittelpunkt stehen nicht nur die gesundheitlichen Folgen, wie beispielsweise Karies oder eine Fehlstellung der Zähne, sondern auch eventuell aufkommende Störungen beim Essen. Diesen Kindern fällt es schwer, Hunger- und Sättigungssignale wahrzunehmen. Nahrungsaufnahme sollte bewusst und aktiv geschehen und nicht mit Gefühlen aus der Säuglingszeit in Verbindung gebracht werden. Wenn Ihr Kind am Schnuller oder Daumen saugt, ist das gut, denn es hat so eine Möglichkeit, sich selbst zu beruhigen oder zu trösten, ohne dass die Handlung mit Essen in Verbindung steht. In meinen Kursen erlebe ich immer wieder, dass Eltern mehr Angst davor haben, die Milchflasche abzusetzen, als das Kind selber. Je jünger ein Kind ist, desto schneller wird eine geliebte Gewohnheit vergessen. Nehmen auch Sie Abschied von der Säuglingszeit und freuen Sie sich auf neue Rituale Ihres großen Kindes.

Welche Getreideprodukte?

- Brot und Backwaren aus 100 Prozent Vollkornmehl
- Brote aus fein gemahlenem Mehl
- Vollkornreis
- Vollkornnudeln (aus Hartweizen schmecken sie besonders gut)
- ungesüßte Vollkornflocken

Milch und Milchprodukte: maßvoll genießen

Mit 400 bis 500 ml Milch und Milchprodukten decken Sie den größten Teil des Tagesbedarfs an **Kalzium** eines Kindes. Kalzium ist durch nichts zu ersetzen und sehr wichtig für das Wachstum eines Kindes, also für den Aufbau der Knochen und der Zähne. Es gibt auch andere natürliche Kalziumquellen, wie z. B. Mandeln, Sesam, Fenchel oder Brokkoli. Sesam und Mandeln eignen sich aber nicht dazu, in großen Mengen verzehrt zu werden, da sie viel Fett enthalten.

Milch liefert auch Jod, Vitamin B_{12} und hochwertiges Eiweiß. Mehr als ein halber Liter sollte es aber nicht sein, denn Milch sättigt. Je mehr Milch bzw. Milchprodukte ein Kind aufnimmt, umso weniger Obst, Gemüse und Getreide isst es.

Mit 11 Monaten können Sie Ihrem Kind nun auch Joghurt, Dickmilch oder Quark anbieten, am besten ungesüßt und mit natürlichem Fettgehalt. Anfangs mögen manche Kinder **Sauermilchprodukte** noch nicht. Akzeptieren Sie dies und versuchen Sie es nach einer Weile erneut. Verzichten Sie auf Erdbeer- oder Vanillejoghurt aus dem Kühlregal: Zu viel Zucker und Aromen verderben den Geschmackssinn. Gegen frisch pürierte Früchte im ungesüßten Joghurt oder Quark ist hingegen nichts einzuwenden.

Käse auf Brot oder im verarbeiteten Zustand im Auflauf bzw. gerieben zu Nudeln ist ebenfalls eine dankbare Alternative, die wichtigen Nährstoffe der Milch ins Kind zu befördern. Nicht nur milde Sorten sind beliebt, Kinder lieben auch Parmesan, beispielsweise zu Vollkornspaghetti, und kräftigen Bergkäse.

Wie viel Milch und Milchprodukte pro Tag?

- Ein Glas Milch, ein Becher Joghurt passt in eine Kinderhand, eine Scheibe Käse ist so groß wie die Handinnenfläche.
- 1 bis 3 Jahre: 300 – 430 ml pro Tag – 3 Portionen
- 4 bis 6 Jahre: 350 – 450 ml pro Tag – 3 Portionen

Welche Milchprodukte?

- pasteurisierte Milch, 1,5 % oder 3,5 % Fett
- pasteurisierter Joghurt, 1,5 % oder 3,5 % Fett
- naturbelassener Käse, Schnittkäse, Hartkäse, Weichkäse, Frischkäse
- Joghurt und Dickmilch ersetzen die Milch 1 : 1.
- 100 ml Milch können durch 10 g Parmesan, 15 g Schnittkäse, 30 g Weichkäse ersetzt werden.

Fleisch, Fisch und Eier: als Beilage

Fleisch enthält **Eisen** und noch viele andere wertvolle Mineralstoffe und Vitamine, die der Körper sehr gut verwertet. Zwei bis drei Mal pro Woche eine kleine Menge (40 bis 50 g) reichen völlig. Geschnetzelt oder als Hackfleisch kommt es bei kleinen Kindern am besten an.

Fisch bereichert den Speiseplan Ihres Kindes – mit seinem Gehalt an Jod und Omega-3-Fettsäuren ist er eine hervorragende Ergänzung zu Fleisch. Einmal pro Woche etwa 70 g Hochseefischfilet, lautet die Empfehlung. Wenn Sie das Schwanzstück vom Filet in Streifen schneiden, haben Sie in kurzer Zeit garantiert grätenfreie Fischstäbchen zubereitet (Seite 104)!

1 bis 2 **Eier** pro Woche machen den Speiseplan, was die tierischen Lebensmittel angeht, dann komplett. Sie sind leicht verdaulich und enthalten gut zu verwertendes Eiweiß, Vitamine und Mineralstoffe. Ein kleines Rührei mit Schnittlauch oder ein Pfannkuchen mit Gemüsefüllung kommen in der Regel sehr gut an bei Kindern. Haben Sie Ihr Kind im ersten Lebensjahr vegetarisch ernährt und wollen dies auch weiterhin tun, sollten Sie auf die Eisenresorption und die biologische Wertigkeit von Eiweiß in der Ernährung achten (Seite 46).

Wie viel Fleisch, Wurst, Fisch und Eier?

Die Fleischportion misst sich an der Größe des Handtellers.

1 bis 3 Jahre:
- Fleisch: 50 – 60 g pro Woche
- Fisch: 50 – 70 g pro Woche
- Eier: 1 – 2 pro Woche
- Wurst: ½ Scheibe pro Tag

4 bis 6 Jahre:
- Fleisch: 80 g pro Woche
- Fisch: 100 g pro Woche
- Eier: 2 pro Woche
- Wurst: max. 7 Scheiben pro Woche

Welche Sorten und in welcher Form?

- mageres Fleisch, z. B. Rindfleisch, Putenfleisch
- magere Wurst, z. B. Schinken ohne Fettrand, Bratenaufschnitt, Corned Beef, Geflügelwürstchen (die Scheibe Wurst an der Fleischtheke zählt mit)
- Hochseefisch: Seelachs, Kabeljau, Hering, Lachs
- Eier: gut durchgegart (Ei in Kuchen, Bratlingen und Desserts zählt mit)

Fette: sparsam genießen

Fette sind Träger von Vitaminen und Geschmacksstoffen. **Pflanzliche Fette** liefern dazu mehrfach ungesättigte Fettsäuren, **Butter** das für die Hirnentwicklung des Kindes wichtige Lecithin. Hierzulande wird immer vor zu viel Fett gewarnt, doch die meisten Fette nehmen wir in versteckter Form auf. In der Zeit der Beikost haben Sie in den Mittagsbrei 1 Esslöffel Pflanzenöl gerührt, dies behalten Sie bitte bei. Nudeln mit Olivenöl oder Kartoffeln mit Quark und Rapsöl sind Möglichkeiten, das Fett gezielt und geschmacklich abgestimmt einzusetzen. Auch Avocadodip mit rohem Gemüse oder Mandelbutter zum Brot (Seite 78) liefern wertvolle Fettsäuren in den Zwischenmahlzeiten.

Wie viel Fett? Sehr wenig!

- 1 bis 3 Jahre: 15 – 20 g pro Tag 1 – 2 Esslöffel
- 4 bis 6 Jahre: 25 g pro Tag
- Dies gilt für die sichtbaren Fette, also Öle, Streich- und Kochfett. Den Anteil versteckter Fette in Kuchen, Wurst und Käse bitte möglichst klein halten.

Welche Fette?

- Rapsöl und Olivenöl, kaltgepresst und nativ, für Salate
- Butter, als Streichfett
- Butterschmalz oder Kokosfett zum Braten

Ab 18 Monaten: Essen mit der Familie

Endlich – Ihr Kind ist körperlich nun schon so weit, dass es am Familientisch mitessen kann – was aber nicht heißt, dass es dies auch immer tut. Wachstumsschübe und die Entwicklung zur eigenen Persönlichkeit untergraben so manches Mal alle Vorstellungen über eine harmonische Familienmahlzeit.

Kinder ab 18 Monaten essen alles, was auch die Familie isst. Beim Familienessen haben alle Familienmitglieder die Chance, an dem Projekt Gemeinschaft zu arbeiten. Scharfe Erziehungsmaßnahmen haben hier nichts zu suchen. Und ein ständiges Auf-den-Teller-Starren verunsichert jedes Kind und hemmt die Lust am Essen und die Freude an der Gemeinschaft. Jeder Einzelne ist für eine gelungene Familienmahlzeit mit verantwortlich. Wenn die Kinder noch sehr klein sind, liegt die Verantwortung für die gute Stimmung bei Tisch sicherlich hauptsächlich bei den Eltern, aber nach und nach können Sie die Verantwortung auch ein wenig auf die Kinder übertragen. Denn allzu häufig sind Nörgeleien über das Essen nur eine Verlagerung eines anderen, nicht mit dem Essen in Zusammenhang stehenden Konflikts.

Kinder wissen, was sie brauchen!

Wenn Sie sich kurz in die Lage eines 2½-jährigen Kindes versetzen, dann müssen Sie mir recht geben, dass in allen Bereichen, die das Leben dieses Kindes angeht, immer Sie als Eltern diejenigen sind, die bestimmen. Sie beschließen, dass es bei Kälte eine Mütze anzieht, wann Sie auf den Spielplatz gehen und welche Freunde eingeladen werden.

Nur beim Essen kann ein Kind mit großer Entschlossenheit die Lippen zusammenpressen und den Kopf von links nach rechts zu einem eindeutigen **NEIN** bewegen. Hier ist das Kind endlich der Bestimmer und es liegt an Ihnen, aus der jeweiligen Situation das Beste zu machen. Mit Sätzen wie »Ich habe extra für dich so lange in der Küche gestanden, und jetzt isst du nicht« oder »Letzte Woche mochtest du Erbsen doch so gerne?« bestärken Sie nur Ihr Kind in seiner Erkenntnis, dass es momentan der Bestimmer und damit auch der Gewinner ist. Das Kind triumphiert, wenn wir uns als Eltern so aufführen – also was tun?

▶ Kinder lernen durch Nachahmung auch beim Essen.

Kochen Sie für sich und für diejenigen am Tisch, die im Moment solch einem Gefühlschaos nicht ausgesetzt sind. Der Verweigerer **darf davon essen, muss aber nicht.** Wenn Ihr Kind auf dem Tisch für sich nichts Essbares findet, gibt es einen Korb mit Brot, an dem es sich satt essen kann. Der Zeitpunkt für die nächste Mahlzeit wird festgelegt, um mögliche Drängeleien nach dem Essen zu vermeiden. Mit der Haltung »Ich habe hier für mich gekocht« nimmt man dem Kind schon von vorneherein den Wind aus den Segeln. Sein Haupt-

motiv »Ich bin hier der Gewinner und du der Verlierer« zieht nicht. Dennoch, denke ich, sollte dem Kind im Tagesablauf eine Situation geboten werden, aus der es als Gewinner herausgehen kann!

Spielregeln bei Tisch

Aus diesen komplexen Zusammenhängen leitet sich folgende Spielregel ab: Als Eltern übernehmen wir die Verantwortung für das **Wann, Was** und **Wie** einer Mahlzeit und das Kind übernimmt die Verantwortung über seinen Appetit, seinen Geschmack, seinen Hunger und sein Sättigungsgefühl. Diese gehören zu den angeborenen Kompetenzen eines Menschen, die es zu respektieren gilt.

Je mehr Sie diese Spielregel akzeptieren, umso mehr spüren Sie, dass Verhaltensmuster wie Erpressungen oder Liebesentzug nicht dazu führen, eine genussvolle Familienmahlzeit zu erleben. Drohungen wie **Wenn du nicht eine Kartoffel gegessen hast, bekommst du keinen Nachtisch!** gehören der Vergangenheit an.

Natürlich bekommt jeder bei Tisch Nachtisch, wenn einer vorgesehen ist. Wenn Sie als Eltern beobachten, dass Ihr Kind über einen längeren Zeitraum hinweg vom Hauptgang nichts isst, aber beim Nachtisch doppelt zuschlägt, sollten Sie entweder gar keinen Nachtisch mehr zubereiten oder häufiger Obstsalat auftischen. Denken Sie daran: Sie bestimmen, wann, was und wie gegessen wird. Und damit mache ich Sie als Eltern für die Gesundheitserziehung Ihres Kindes verantwortlich. Solange ein Kind noch kein Taschengeld bekommt, sind die Eltern diejenigen, die die Lebensmittel einkaufen. Damit haben Sie es in der Hand, wie sich Ihr Kind ernährt. Kaufen Sie nur gesunde Lebensmittel ein, können Sie Ihrem Kind zu Hause die Auswahl überlassen und seine Eigenverantwortlichkeit fördern. Manche Eltern vergessen zu schnell: **Kinder können nur das essen, was Eltern einkaufen!**

Kinderwünsche einplanen

Als Kind habe ich meine Mutter sehr bewundert, weil sie immer alles mochte, was auf den Tisch kam. Als ich dann einige Jahre für meine Familie kochte, kam mir die Erleuchtung. Als Mutter kocht man natürlich nur das, was man selber mag! Ich denke, wir sollten offener werden und, je älter das Kind wird, auch Menüvorschläge von ihm aufnehmen. Anfangs lässt man das Kind zwischen zwei Gerichten entscheiden, eine freie Wahl überfordert sehr schnell. Ihrem Kind vermittelt dies das Gefühl angenommen zu sein: »Ein- bis zweimal in der Woche darf ich mir ein Essen wünschen!«

Wenn Kinder zu dick sind

Jedes fünfte Grundschulkind hat Übergewicht. Einerseits bewegen sich die Kinder zu wenig, auf der anderen Seite aber essen sie auch nicht das Richtige.

Bieten wir ihnen als Eltern das Richtige an, kann das Kind selbstverantwortlich die Menge bestimmen, und somit entfallen unschöne Momente bei Tisch, in denen die Kleinen darauf aufmerksam gemacht werden müssen, nicht über die Stränge zu schlagen. Denn wenn ich als Kind Hunger habe und Appetit, machen mich die bösen Blicke der Eltern auf meinen zu vollen Teller wütend und bewirken oft das Gegenteil von dem, was sie erreichen möchten. Hierzu gehört auch der Gedanke: »Die gönnen mir den vollen Teller nicht, also mögen sie mich nicht!« Aber Liebe geht nicht nur durch den Magen: »Ich habe dich immer lieb, ob dick, ob dünn«, sollte die Botschaft lauten.

Wenn die Mahlzeit, die Sie zubereiten, aus Obst, Gemüse, Getreide und fettarmen Milchprodukten besteht, darf Ihr Kind nach Herzenslust zuschlagen und die Stimmung bleibt auf beiden Seiten gelassen. Und sollte sich ein Spaziergang nach dem Essen einrichten lassen, umso besser.

Kinderlebensmittel: Was steckt dahinter?

Die Industrie liefert eine Vielzahl an Lebensmitteln für Kinder, die alle ein Plus an wichtigen Nährstoffen versprechen. Von diesen Werbebotschaften fühlen sich Eltern häufig angesprochen: Denn wollen wir nicht alle das Beste für unser Kind?

Schon unsere Eltern sind in den Genuss von Kinderlebensmitteln gekommen: Sie wurden mit Brandt-Zwieback oder eisenhaltigem Rotkäppchensaft verwöhnt. Die nächste Generation bekam Kinderschokolade und Fruchtzwerge, doch was heute den Eltern zur Verfügung steht, sprengt den Rahmen: Von Beikost-Produkten über Fertigmenüs bis hin zu den Frühstückszerealien – alles steht in großer Variation in den Regalen. Die Industrie liefert Zwischenmahlzeiten und Hauptmahlzeiten. Laut dem Bundesverband der Verbraucherzentralen glauben 36 Prozent der Eltern den Werbe-Aussagen dieser Produkte, weil sie Gesundheit, Fitness und Intelligenz versprechen.

Die Kinder hingegen springen auf die Verpackung bzw. auf das Spielzeug an, und da 60 Prozent aller Kinder mit entscheiden dürfen, was eingekauft wird, landen entsprechend viele Kinderlebensmittel in deutschen Einkaufswagen. Die Industrie hat das längst begriffen: **Wer an den Geldbeutel der Eltern will, muss die Kinder ansprechen.**

Was die Ernährungswissenschaft meint

Die Ernährungsexperten sehen nicht nur das Plus an Nährstoffen, sondern auch, dass die Produkte zu viel Zucker, Fett und Aromen liefern und darüber hinaus überteuert sind. In einer Langzeitstudie des Forschungsinstituts für Kinderernährung in Dortmund konnte Prof. Mathilde Kersting zeigen, dass es deutschen Kindern an keinem Nährstoff mangelt; die einzige Ausnahme ist die Folsäure. Hier besteht häufiger eine leichte Unterversorgung, die aber leicht zu beheben ist, wenn Kinder z. B. mehr grünes Blattgemüse und Vollkornbackwaren essen. Die Industrie reichert Orangensaft mit Kalzium an, Getreideflocken mit Jod, wer kann da den Überblick darüber behalten, welche Lebensmittel welche Nährstoffe liefern? Diese Verunsicherung spüre ich immer wieder bei vielen Eltern, und so ist der Griff zu Säften oder Joghurt mit dem Vitamin- und Mineralstoff-Rundumschlag schnell passiert.

Zucker und Fett, beide machen Lebensmittel geschmacksintensiver, verursachen beim Verzehr eine volle Befriedigung auf der Zunge, führen aber auf Dauer zum Auftreten von Zahnproblemen, Übergewicht und schlimmstenfalls zu Diabetes. Ein großes Problem stellen auch die gesüßten Getränke dar. Da sie nicht sättigen, trinken Kinder die süße Limo oder den Multivitaminsaft zwischendurch, ohne zu viel davon zu haben.

Was die Erziehungswissenschaft meint

Auch aus pädagogischer Sicht sind die Extralebensmittel nicht zu befürworten. Sie grenzen über viele Jahre die Kinder vom Familientisch aus und vermitteln ihnen: »Was die Natur an Lebensmitteln bietet, reicht für dich nicht aus. Du brauchst eine Extrawurst mit einer Extraportion . . . !«

Und irgendwann wird der Zeitpunkt kommen, an dem die Eltern sagen: »Nun wird es zu teuer, du bist jetzt groß genug!« Die Eingliederung an den Familientisch ist dann aus zwei Gründen problematisch. Einerseits hat das Kind seine Mittelpunktstellung durchaus genossen und sieht gar keine Veranlassung, diese zu verlassen. Auf der anderen Seite ist das Kind nun bis zu diesem Zeitpunkt an den industriellen Geschmack gewöhnt und tut sich nun sehr schwer, die Küche der Eltern zu akzeptieren. Kinder stören sich daran, dass

- der Geschmack nicht intensiv genug ist,
- sie mit normalem Essen plötzlich mehr kauen
- und selbstständig portionieren müssen.

Das, was die Industrie für die Kinder anbietet, sind eher Genussmittel und hat mit Grundnahrungsmitteln nichts zu tun. Eine Milchschnitte oder ein Glas Limo zu bestimmten Anlässen sind ab und zu eine tolle Sache, aber kein Ersatz für ein Frühstück in Kindergarten oder Schule.

Wenn die Kleinen nicht essen mögen

Es ist uns angeboren, die vier Grundgeschmacksrichtungen wahrzunehmen (süß, sauer, salzig, bitter), gleichzeitig haben wir von Anfang an Vorlieben für bestimmte Geschmäcker. Doch welche Ausprägung der individuelle Geschmack im Laufe der Kindheit annimmt, wird von außen bestimmt. Hier fängt für die Eltern die Ernährungserziehung an, denn sie sind schon von Anfang an Vorbild für ihre Kinder. Eltern können motivieren, sollten die Ablehnung der Kinder allerdings auch akzeptieren und nichts erwarten, was sie selbst nicht erfüllen können oder möchten.

Ganz normal: mehrere Anläufe bis zum Erfolg

Die Kleinen haben wesentlich mehr Geschmacksknospen auf der Zunge als Erwachsene. Daher nehmen sie den Geschmack der Lebensmittel viel intensiver wahr, was häufig dazu führt, dass der erste Kontakt mit einem Lebensmittel auf Ablehnung stößt. Bis zu zehn Kontakte sind manchmal nötig, damit Kindern eine Speise schmeckt. Möglicherweise liegen zwischen dem ersten Kontakt und dem zehnten mehrere Jahre. Geben Sie also nicht so schnell auf und bieten Sie immer wieder Essen an, das das Kind zuvor abgelehnt hatte, sodass es den Lernprozess in Ruhe und ohne Druck durchlaufen und sich an die Speise gewöhnen kann.

Ihr Kind lehnt vieles ab?

- Isst es nicht, weil es Protest oder Trotz zeigen möchte?
- Isst es nicht, weil jeden Tag etwas Neues auf dem Tisch steht und es keine Möglichkeit hat, seinen Geschmack zu schulen?
- Isst es nicht, weil die Konsistenz eines Lebensmittels, das Aussehen, die Temperatur oder die Tageszeit nicht stimmen?

Hierzu einige Tipps:

- Laden Sie den Teller nicht zu voll: Mit kleineren Portionen haben Kinder schneller das Gefühl, etwas geschafft zu haben.
- Schaffen Sie ein übersichtliches Angebot, sodass das Kind sofort erkennen kann, was auf dem Teller ist.
- Fragen Sie sich, ob Sie mit einer ungewöhnlichen Art, die ungeliebten Speisen zu essen, vielleicht weiterkommen: Suppe aus dem Kaffeebecher trinken, das Gemüse aufspießen und das Käsebrot mit Messer und Gabel zelebrieren, und bei uns sehr beliebt: das **Essen in der Badewanne.**

So klappt's: Obst und Gemüse essen

Reifes Obst und Gemüse schmeckt besser. Kaufen Sie also, so oft es geht, das ein, was auch gerade in unseren Gefilden auf dem Markt ist – wenn möglich Bioware. Ab dem Kindergartenalter verstehen Kinder auch den Jahreszyklus von Obst und Gemüse und können dafür sensibilisiert werden. Lassen Sie es Gemüse roh und gegart probieren. Faseriges Gemüse, z. B. Lauch, wird nicht so gern gegessen, aber in pürierter Form als Suppe oder Sauce stellt es häufig kein Problem dar. Füllen Sie Kohlrabi oder Tomaten oder bereiten Sie sie evtl. auch zusammen mit Fleisch auf dem Blech im Backofen zu.

Gemüse-Rohkost in Stifte geschnitten, wie eine Sonne auf dem Teller angerichtet, und ein Eierbecher für den Dip findet jedes Kind gut. An einer Obstschale läuft jeder vorbei, steht das Obst aber in Stücke geschnitten auf dem Tisch, greifen in der Regel alle gerne zu.

So klappt's: Trinken

Haben Sie einen Kleinen daheim, der nicht gern trinkt, versuchen Sie mit Ihrem Kind gemeinsam zu trinken, das spornt an! Schaffen Sie bunte Gläser und Becher an und verteilen Sie Strohhalme (evtl. auf die Hälfte gekürzt). Richten Sie daheim eine Getränkebar ein: Hier gibt's Säfte, verschiedene Mineralwässer und ungesüßte Tees. Und jeder darf sich sein Getränk selbst mixen. Und jüngere Kinder mögen manchmal trinken, wenn Sie die Temperatur des Getränks verändern. Lustige Eiswürfelfiguren aus Kirsch- oder Traubensaft geben Mineralwasser den letzten Kick und die richtige Temperatur.

WICHTIG

... das ess ich nicht!

Jedes Kind hat das Recht, manche Dinge nicht zu mögen. Jedes Kind hat, wie auch die meisten Erwachsenen, einige Lebensmittel, die es nicht essen mag, nicht herunterschlucken kann, vielleicht noch nicht einmal zum Mund führen kann. Dazu gehören bei fast allen Kindern Fettränder am Fleisch. Das ist in Ordnung und sollte in der Familie gar nicht erst thematisiert werden. Trotzdem habe ich immer wieder festgestellt, dass sich allein durch eine andere Zubereitung (pürieren, in dünne oder dicke Scheiben schneiden, kalt oder warm essen) die Akzeptanz enorm verändert. Unser zweiter Sohn ist nicht in der Lage, Pilze in den Mund zu nehmen. Eine Pilzcremesuppe hingegen liebt er sehr.

So klappt's: Vollkorn essen

Im Bioladen oder beim Vollkornbäcker gibt's unzählige Sorten Vollkornbrot – kaufen Sie abwechselnd fein gemahlenes – ob Roggen-Sauerteig, Dinkelhefebrot, mit Schrot oder mit und ohne Leinsamen, Kürbis- oder Sonnenblumenkernen. Variieren Sie auch die Brotform: z. B. kleine runde Brotscheiben oder Brotwürfel von zwei Seiten belegt. Brötchen aus dem vollen Korn, Knäckebrot, getoastetes Brot oder überbackenes Brot kommen gut bei Kindern an. Vollkorn-Getreide können Sie in Form von Flocken, Nudeln, Reis bzw. Bulgur anbieten.

So klappt's: Milch trinken

Bieten Sie Milch warm oder kalt an. Der Hit ist übrigens Kindercappuccino: aufschäumen, in eine Cappuccinotasse füllen und mit Kakao oder Getreidekaffee bestäuben. Nutzen Sie Milchmixgetränke, um Milch ins Kind zu befördern. Mixen Sie nach Lust und Laune Joghurt, Dickmilch oder Quark mit Früchten (Joghurt und Dickmilch ersetzen die Milch 1 : 1). Und auch in Pudding, Grießbrei, Quarkauflauf oder Béchamelsauce steckt jede Menge gesunde Milch.

So klappt's: Fisch und Fleisch essen

Probieren Sie unterschiedliche Zubereitungsarten aus, z. B. selbstgemachte Fischstäbchen, Fischauflauf, Fischfrikadellen oder Fisch-Gemüse-Sauce zu Nudeln. Und tischen Sie nur grätenfreien Fisch auf, möglichst das Schwanzstück vom Filet. Prüfen Sie das Fleisch auf Sehnen und Knorpel – die meisten Kinder ekeln sich davor (wie viele Erwachsene auch)! Es sollte darüber hinaus sehr zart sein: z. B. kleine Hackbällchen, als Gehacktes in einer Sauce, als zarter Braten, als Frikassée.

Zehn Regeln für weniger Stress am Esstisch

1. Hungersignale des Kindes erkennen, von Lust auf Essen aus Langeweile unterscheiden und ernst nehmen.
2. Regelmäßige Mahlzeiten sicherstellen.

3. Vorbildfunktion nicht vergessen, wenn die Eltern gesund essen, dann tun es auch die Kinder.
4. Gewohnheiten bilden sich durch Erfahrungen der Kinder selbst, sie bilden sich nicht durch vernünftige Argumente oder kluge Sprüche der Eltern.
5. Die Portionen klein und übersichtlich halten, das vermittelt Ihrem Kind das Gefühl, etwas geschafft zu haben.
6. Lieblingsgerichte regelmäßig anbieten und die Ablehnung mancher Gerichte akzeptieren.
7. Es wird gegessen, ohne zu erpressen, so erhält jeder aus der Familie seinen Nachtisch, auch wenn er vom Hauptgericht nicht probiert hat. Die Funktion eines Nachtisches ist, den Genuss zu fördern und je nach Auswahl auch zu nähren, es eignet sich aber nicht als Erziehungsinstrument. So sollte der Nachtisch nicht als Mittel für Liebe, Macht, Aufmerksamkeit und Trost missbraucht werden.
8. Süßes nicht als Belohnung einsetzen – es bekommt so zu viel Bedeutung –, sondern gezielt anbieten und gemeinsam genießen.
9. Fernseher, Telefon und unangenehme Gesprächsthemen bei Tisch führen nicht zu einer rundum gelungenen Familienmahlzeit.
10. Das Kind für all die guten Lebensmittel, die es schon isst, ausdrücklich loben.

Kinder in die Küche!

Die Küche ist in den ersten Lebensjahren das schönste und lehrreichste Spielzimmer für Kinder. Nutzen Sie den Zeitpunkt, zu dem sich Ihr Kind für die Tätigkeiten in der Küche interessiert. Spannen Sie es, je nach Alter, gleich in die Kocharbeit mit ein. Kinder verstehen sich in der Küche allerdings nicht als Zuarbeiter, sie möchten Verantwortung, wenigstens für Teilbereiche eines Gerichtes, bekommen! Wenn Ihnen das gelingt und Sie bereit sind, für alle Arbeitsabläufe mehr Zeit einzuplanen, wird aus dem anfänglichen Interesse Ihres Kindes bald eine echte Hilfe, und Kinder, die helfen, probieren oft von dem Gericht, bei dessen Zubereitung sie mitgewirkt haben.

Sicher ist sicher

- Kinder beim Kochen die ganze Zeit im Auge behalten.
- Das Kind sollte sich in sicherer Entfernung von Herd und Backofen befinden.
- Kinder von heißem oder kochendem Wasser (z. B. Wasserkocher) fernhalten.
- Hilfsmittel wie Hochstuhl, Fußbank oder Küchenleiter für eine sichere Position des Kindes nutzen.
- Die Messer sollten scharf, aber nicht zu schwer und spitz sein (stumpfe Messer schneiden nicht).
- Große, rutschfeste Schneidbretter verwenden.

TIPP

Kleine Kochschule

- Hände mit Seife gründlich waschen.
- Haare zusammenbinden.
- Ärmel hochkrempeln.
- Schürze oder altes T-Shirt anziehen.
- Rezepte gemeinsam gut lesen.
- Aufgaben verteilen.
- Zutaten zusammenstellen.
- Küchengeräte zurechtlegen.
- Zwischendurch aufräumen.

Diese Arbeiten können Kinder schon sehr früh übernehmen:

- Obst und Gemüse waschen und trocknen.
- Lebensmittel auf Teller anrichten oder in Gefäße füllen.
- Weiche Lebensmittel schneiden (Bananen, Tomaten, Pilze, Brotscheiben).
- Rühren oder klein schneiden.
- Brot mit Butter bestreichen.
- Alle Arbeiten rund um den Teig (Kneten, Rühren, Formen, Belegen, Ausstechen).

Mit etwas Routine in der Küche können Kinder schon mehr:

- Gemüse mit dem Sparschäler schälen.
- Härtere Lebensmittel schneiden (Apfel, Möhre, Käse).
- Öl, Essig oder Zucker mit dem Löffel abmessen.
- Gemeinsam das Handrührgerät oder den Pürierstab halten.

◀ Kinder sind begeisterte kleine Köche, wenn sie »selbermachen« dürfen!

- Gemeinsame Arbeiten am Herd.
- Gerichte mit abschmecken und beurteilen.
- Spülen und abtrocknen.
- Den Tisch decken und dekorieren (z. B. für Feste).
- Den Wochenplan mitgestalten.

Nutzen Sie die gemeinsame Küchenarbeit mit Ihrem Kind als einen idealen Ort des effektiven Lernens! Fein- und Grobmotorik, Geschmacks-, Geruchs- und Tastsinn sowie die Organisation von Arbeitsabläufen werden spielerisch prima geschult.

Später lassen sich dann viele Fragen aus den Bereichen Biologie, Chemie und Physik und Mathematik über das Kochen beantworten. Vielleicht weckt Ihr Kind über ein ständiges »Warum?« auch Ihr Interesse an den Hintergründen der Kochkunst!

Wie viel Süßes tut gut?

Gummibärchen, Schokolade oder Eiscreme üben auf alle Kinder und auch auf die meisten Erwachsenen eine unglaubliche Faszination aus. Der Motor hierfür ist sicherlich an verschiedenen Stellen zu suchen. Die Erinnerung an die süße Milch im ersten Lebensjahr, das ständige Verbot oder der gemeinsame Genuss in einer bestimmten Situation … Vielleicht fällt Ihnen Ihr eigener Motor sofort ein, manchmal liegt er verborgen im Unterbewusstsein oder ist besetzt mit Gefühlen, die einem im Moment noch sehr unangenehm sind.

Bedürfnis nach Zucker – angeboren oder anerzogen?

Im Mutterleib und in den ersten sechs Lebensmonaten erlebt ein Kind die Welt rundum süß, sodass die Überlegung, die Vorliebe für Süßes sei angeboren, naheliegt. Dem ist aber nicht so, der im Kindesalter auftretende Süßhunger wird erst ab dem zweiten Lebenshalbjahr anerzogen. Stark übersüßte Folgemilch, Schokomilchbreie und süße Tees bzw. Säfte im Dauereinsatz fördern den später auftretenden **Schmacht nach Süßem**. Unterstützend wirkt dann auch, wenn Süßes als Erziehungsmittel eingesetzt wird. Und die Werbung versteht es, große Gefühle wie Liebe, Zuneigung, Glück und Leichtigkeit mit dem Verzehr von Süßigkeiten zu verknüpfen.

Wenn Ihr Kind ab und zu Heißhunger auf etwas Süßes verspürt, sollte man dem einfach nachgehen. Aufmerksamkeit ist jedoch bei chronischem Süßhunger geboten. Denn Zucker fördert Karies und Übergewicht, da es in Süßigkeiten häufig zusammen mit viel Fett verarbeitet wird. Aber auch Süßigkeit ohne Fett wie z. B. Gummibärchen oder Limonade erhöhen enorm die tägliche Energiezufuhr, ohne zu sättigen, geschweige denn mit Nährstoffen zu versorgen. Trinkt ein Kind 500 ml

Limonade am Tag, nimmt es etwa 250 Kalorien und 60 g Zucker mehr auf als ein Kind, das nur Wasser trinkt.

Vorsicht Heißhungerspirale!

Gehirn und Körperzellen sind zur Energiegewinnung auf Zucker angewiesen, diesen stellt der Körper sich aber selbst aus Brot, Nudeln, Kartoffeln, Obst und Gemüse her. Über diese Lebensmittel gelangt der Zucker sehr langsam ins Blut, was mit einer langanhaltenden Sättigung einhergeht. Reiner Zucker hingegen gelangt sofort ins Blut, was zur Folge hat, dass hohe Mengen an Insulin ausgeschüttet werden, damit die Körperzellen direkt versorgt werden und der Blutzuckerspiegel schnell wieder sinkt. Dies führt dann wiederum zu einem Heißhunger auf Süßes und ein Teufelskreis entsteht.

Zucker hat viele Namen:

- Glukose oder Traubenzucker (Traubenfruchtsüße)
- Fruktose oder Fruchtzucker
- Laktose oder Milchzucker
- Maltose oder Malzzucker
- Maltodextrin
- Glukosesirup
- Reissirup

Bewusstes Naschen ist o. k.

Wenn es jetzt darum geht, Ihrem Kind den Umgang mit Süßem zu vermitteln, gilt eine Hauptregel: Bewusst Naschen! Das heißt: **Süßigkeiten spenden keinen Trost** bei Schürfwunden oder schlechten Schulnoten. Ein aufgeschlagenes Knie will ein Pflaster und Mitgefühl, bei schlechten Noten schenke ich Zeit und biete meine Hilfe an. Ein an dieser Stelle verzehrtes Stück Schokolade lässt den Eindruck entstehen, mit Süßigkeiten werde der Schmerz bekämpft. Werden diese Verhaltensmuster in der Kindheit geprägt, vergisst der Körper sie so schnell nicht mehr. Doch Schmerz oder Traurigkeit lassen sich nur für kurze Zeit abwenden und treten meist an anderer Stelle wieder auf.

Verzehren Sie mit Ihrem Kind auch gerne zweimal am Tag ein paar Gummibärchen oder eine Kugel Eis und betonen Sie die Gemeinschaft, den Genuss und die Freude, die sie zusammen erleben. Denn Liebe geht nicht nur durch den Magen. Die zusammen verbrachte Zeit ist viel mehr wert und vermittelt noch mehr das Gefühl der hundertprozentigen Annahme. Solche süßen Erlebnisse am Tag sollten einen Anfang und ein Ende haben, dies schränkt gleichzeitig auch die verzehrte Menge ein. So lernt Ihr Kind auch bei möglicherweise großem Angebot, trotzdem aufzuhören – eine gute Vorbereitung auf viele Bereiche des Lebens. Das Fernsehprogramm läuft auch 24 Stunden am Tag, doch nach dem vereinbarten Film sollte ich den Fernseher ausstellen!

Wie viel Zucker steckt da wohl drin?

Süßigkeit	Anzahl der Zuckerwürfel
1 Tüte Gummibärchen, 250 g	65
5 Gummibärchen, 10 g	2,5
1 Tafel Schokolade, 100 g	17
1 Riegel Kinderschokolade, 12 g	2
1 Flasche Ketchup, 500 ml	35
1 EL Ketchup, 20 g	1,5
1 Glas Limonade, 200 ml	8
1 Vanillemilchshake, 250 ml	11
1 Becher Kinderjoghurt, 125 ml	7
1 Zuckerwürfel = 2½ bis 3 g	

Gib Susi Süßling keine Chance!

- Zuckerfreie Beikost, ungesüßte Getreidebreie etc. anbieten.
- Süßes bewusst genießen und nicht als Druckmittel einsetzen.
- Schmerzen ernst nehmen und nicht »zukleben«.
- Kinder von der Fernsehwerbung fernhalten.
- Grundnahrungsmittel wie Milchprodukte oder Getränke ungesüßt anbieten.

TIPP

Süßigkeiten-Tausch

St. Martin, Nikolaus, Weihnachten, Karneval und Ostern sind für viele Eltern eine echte Herausforderung. Auch der Lolly beim täglichen Einkauf gehört dazu. Ich habe unseren Kindern schon früh, mit etwa 2½ Jahren, ein Sammelglas angeboten. Hier haben sie die Möglichkeit, all die Süßigkeiten, die sie nicht essen wollen, in einem großen Glas zu sammeln und das volle Glas gegen etwas anderes, z. B. gegen Bauklötze, eine CD, ein Buch oder einen Kinogutschein bei mir einzutauschen. Dies ist in unserer Familie Anreiz genug, diese Mengen auf ein normales Maß zu reduzieren.

Susi Süßling

Eine kleine Portion am Tag

Eine kleine Portion Süßes am Tag (eine Portion ist das, was in die jeweilige Hand des Süßliebhabers passt) ist vollkommen in Ordnung. Es gibt Kinder, die den ganzen Tag nach Süßigkeiten verlangen und damit sehr viel Unruhe in den Alltag bringen. Sind sie einmal vier Jahre alt, kann man ihnen eine entsprechende Menge Süßigkeiten am Montagmorgen aushändigen, die bis Donnerstag früh ausreichen muss. So kann das Kind eigenverantwortlich über seinen Schatz verfügen. Nicht selten wird dieser Schatz innerhalb einer Stunde verzehrt und die Nörgelei beginnt von vorn. Jetzt heißt es, konsequent bleiben bis Donnerstagmorgen und der Quengelei standhalten. Vereinbarte Regeln müssen von beiden Seiten eingehalten werden. Das Schöne daran: Das elterliche Durchhaltevermögen wird mit einem neu erlernten Verhaltensmuster des Kindes in kürzester Zeit belohnt. Übrigens auch ein Grund, weshalb ich immer Süßigkeiten, die gerade en vogue sind, zu Hause habe: Ich möchte damit vermeiden, dass, wenn ein Fremder meinen Kindern Süßigkeiten anbietet, die Faszination so groß ist, dass sie es für nötig halten mitzugehen.

Mit Kindern einkaufen – ohne Stress

Wer von uns kennt nicht die bedauernden Blicke der anderen (meist Kinderlosen oder derjenigen, die schon lange keine kleinen Kinder mehr haben) im Supermarkt, wenn das eigene Kind zum zehnten Mal nach Gummibärchen verlangt und zunehmend lauter wird? Aber nicht nur das Kind wird lauter. Anfangs versucht man es mit pädagogisch wertvollen Argumenten – ganz in Ruhe –, aber ab dem fünften Mal **»Ich will Gummibärchen!«** verlangt man weder ein »Ich möchte …« noch ein »bitte«, sondern antwortet nur noch mit einem lauten »Nein«. Wenn man dann an der Kasse bevorzugt schnell bedient wird, damit man so schnell wie möglich mit dem schreienden Kind den Laden verlässt, machen sich Gefühle der Erschöpfung und Leere und jede Menge Selbstzweifel breit. Nicht wenige Eltern beginnen ihre Erziehungsfähigkeit infrage zu stellen.

Eltern, die solchen Situationen häufig ausgesetzt waren, dienen nun die erweiterten Ladenschlusszeiten: einkaufen am Abend, in Ruhe und ohne Kind! Wie können Sie mit solchen Situationen umgehen? Sie geben dem Kind nach, kaufen die Gummibärchen und alle sind zufrieden?! Im Moment auf jeden Fall, aber was bewirkt ein solches Nachgeben auf lange Sicht?

▶ **Wenn Sie Ihr Kind beim Einkauf mit einbeziehen, können Sie unnötigen Stress vermeiden.**

Alles zu seiner Zeit

Das Ernährungsverhalten der heutigen Jugendlichen steht unter dem Motto: Alles ist zu jeder Zeit und an jedem Ort zu haben. Hat ein Teenager Hunger, Durst oder einfach nur Lust auf einen Snack, wird er einfach gekauft und auf der Stelle verzehrt. Dönerbuden an jeder Ecke, Fastfoodketten, Tiefkühlfertigprodukte und die Mikrowelle erleichtern und fördern dieses Verhalten. Das Resultat ist ein Daueressen über den Tag, wenig Appetit zu den Mahlzeiten, in der Regel minderwertige Nahrungsmittel zu überhöhten Preisen und schlechte Zähne. Sagen Sie an der Supermarktkasse öfter Ja, fördern Sie diese Art Konsumverhalten, das aus gesundheitlicher, psychologischer und pädagogischer Sicht abzulehnen ist.

Proviant mitnehmen

Was können Sie tun, um solche Situationen gar nicht erst eintreten zu lassen? Mit einem oder mehreren Kleinkindern kommt es nicht selten vor, dass sich die Einkaufszeiten mit den Vormittags- bzw. Nachmittagszwischenmahlzeiten des Kindes überschneiden. Bereiten Sie diese Mahlzeiten zu Hause vor und nehmen Sie sie verpackt in Boxen einfach mit. Bekommt Ihr Kind Hunger, sind Sie darauf vorbereitet und können ihm etwas anbieten. Wiederholt sich diese Situation ein paar Mal, hat Ihr Kind schnell gelernt, dass sein Essen auch außerhalb der Wohnung von den Eltern zubereitet wird.

Satt und beschäftigt, lassen sich die unterschiedlichsten Situationen im Supermarkt ruhiger bewältigen. Wir kennen das doch auch: Hunger macht eben intolerant. Eigentlich sollten Sie beide das Einkaufen genießen, denn dabei gibt's viel zu lernen: Lebensmittelkunde, Austausch mit Menschen, Umgang mit Geld und vieles mehr. Lauter wichtige Lernbereiche für die kindliche Entwicklung.

Sind Sie nicht auf den Hunger Ihres Kindes eingestellt, werden Sie unterwegs eine Brezel oder eine Packung Kekse kaufen müssen. Dieser Noteinkauf wird Ihrem Kind nachhaltig in Erinnerung bleiben und Sie unter Umständen in Zukunft in Schwierigkeiten bringen. Manchmal ist der Wunsch der Kinder nach bestimmten Keksen, einem besonderen Joghurt oder einem Milchbrötchen durchaus zu akzeptieren, hier sollten Sie nur darauf achten, dass Ihr Kind diese Lebensmittel erst zu Hause öffnet. Eis darf natürlich gleich gegessen werden!

Später, wenn Ihr Kind tagsüber nur noch einmal oder gar nicht mehr schläft, ist der Tagesablauf mit Unternehmungen leichter zu gestalten. Sie können mit ihm dann beruhigt für zwei bis drei Stunden das Haus verlassen, ohne Proviant mitnehmen zu müssen. Setzen Sie möglichst von Anfang an ein klares Zeichen für den Aufenthalt auf dem Spielplatz oder in Spielgruppen: Wenn Sie dort nicht allzu lange sind, braucht Ihr Kind gar nichts zu essen, im Hochsommer sollten Sie nur etwas zu trinken dabeihaben.

TIPP

Gute Planung spart Zeit – der Einkaufsrhythmus

Ein gut gefüllter Vorratsschrank erleichtert die tägliche Arbeit in der Küche. Bestimmt haben Sie in der Küche einen Schrank oder ein Regal für Ihre Vorräte; wenn nicht, richten Sie eins ein oder sorgen Sie im Keller für ein Plätzchen. Ein zusätzlicher kleiner Kühlschrank für den Sommer macht besonders für größere Familien Sinn. Eine mögliche Einkaufsplanung könnte folgendermaßen aussehen:

6-mal im Jahr kaufen:
- Gewürze, Jodsalz, Gemüsebrühe instant
- Öl, Essig, Senf, Tomatenmark
- Zucker, Backpulver, Trockenhefe
- Samen (Sesam, Leinsamen)
- Nüsse
- Trockenfrüchte
- Honig, Marmelade, Kakao

1-mal im Monat:
- Knäckebrot, Zwieback, Reiswaffeln, etc.
- Mehl, Grieß, Flocken, Reis, Nudeln
- Getränke
- Zwiebeln, Knoblauch, Kartoffeln (im Winter)

1-mal in der Woche:
- Joghurt, Quark, Sahne
- Butter
- Käse
- Eier

2-mal in der Woche:
- Milch
- Fleisch, Wurstwaren
- Brot
- Obst, Gemüse, frische Kräuter

Am Tag der Zubereitung:
- Fisch
- Hackfleisch

Einkaufen – systematisch und geplant

Es geht nicht nur darum, die richtigen Dinge zur richtigen Zeit einzukaufen – wer schlau ist, hilft sich durch systematische Planung. Wie geht das? Zunächst: Ein Einkaufszettel spart Zeit und Geld und er bietet Ihnen sogar noch die Möglichkeit, den Einkauf unter Umständen in der Familie zu delegieren. Ein kleines Büchlein oder eine Wandtafel in der Küche hilft, verbrauchte Vorräte rechtzeitig aufzufüllen.

Ökologisch und ökonomisch sinnvoll ist es, möglichst in der Nähe einzukaufen, Gemüse auf dem Wochen- oder Biomarkt oder in einem Hofladen einzukaufen – im Supermarkt sollte man frische Waren möglichst am Vormittag einkaufen, wenn diese noch nicht den ganzen Tag in der Auslage gelegen haben. In Bioläden gibt es sehr häufig auch die Möglichkeit, eine Bestellung telefonisch aufzugeben, die man dann am Feierabend bequem abholen kann. Besonders empfehlenswert ist das Abonnieren einer Bio-Gemüse/Obstkiste – die saisonale, regionale und frische Überraschung sorgt für Abwechslung auf dem Tisch.

Fleisch- und Wursteinkauf sollte beim Metzger des Vertrauens geschehen, wenn er nicht direkt »um die Ecke ist«, kann man Fleisch und je nach Sorte Wurst in größeren Mengen einkaufen und dann zu Hause bequem portionsweise einfrieren. Da sollte man aber darauf achten, das Fleisch und die Wurst während einer längeren Fahrtzeit nur in einer Kühltasche zu transportieren.

Auch beim Einkauf von Lebensmitteln, die vom Prinzip länger haltbar sind, wie Nüsse, Öle oder Kekse, sollte man unbedingt auf das Haltbarkeitsdatum achten. Auch wenn diese Lebensmittel noch verzehrt werden können, wenn das Mindesthaltbarkeitsdatum überschritten ist, der Geschmack leidet doch.

Wochenpläne erleichtern das Leben

Auch wenn es Ihnen umständlich vorkommt: Ein Speiseplan für die Woche hilft Ihnen, den Kochalltag mit Kindern leichter zu meistern. Damit solch eine Essensplanung für sieben Tage auch wirklich zur Entlastung wird, sollten Sie folgende Überlegungen anstellen, bevor Sie loslegen. An welchen Tagen tätige ich den Wocheneinkauf? Wenn Sie gerne auf dem Markt einkaufen möchten, sollten Sie Ihre Termine nach dem Markt bzw. Ihre Planungen nach der Lieferung der Gemüsekiste richten.

Sie sollten

- das saisonale Angebot im Kopf haben,
- Vorräte, die Tiefkühltruhe und Reste darauf prüfen, was weg muss,
- an die Lieblingsspeisen Ihrer Kinder denken,
- überlegen, welches Gericht es schon lange nicht mehr gab,
- ab und zu etwas Neues ausprobieren,
- wissen, an welchen Tagen Sie schnelle Gerichte brauchen und ob Sie vorbereitete Gerichte aus den Tagen davor nutzen können.

Aus der Fülle der Fragen und Überlegungen ist leicht zu ersehen, dass es keinen allgemein gültigen Essensplan für eine Familie mit z.B. zwei Kindern geben kann. Familien mit vier Kindern werden einen ganz anderen Wochenplan entwerfen als eine Familie mit einem Kind, das zwar alles gerne isst, dessen Mutter und Vater aber voll berufstätig sind.

Küchenmanagement

Die Gefahr, sich als nicht berufstätige/r Frau oder Mann den Tag über zu verzetteln oder als halbtags Berufstätige/r täglich zu Fertigprodukten zu greifen, ist sehr groß. Teilen Sie sich die Arbeit ein – Reis oder Hülsenfrüchte kochen prima nebenher und auch andere Küchenarbeiten wollen gemanagt werden.

- **Gemüse** direkt nach dem Einkauf vorputzen und entsprechend verpackt kühl aufbewahren.
- **Blattsalate** im ganzen Blatt waschen, trocknen, verpacken und kühl aufbewahren.
- **Salatsauce** (ohne rohe Zwiebel) für eine Woche zubereiten und im Schraubglas aufbewahren.
- **Vollkornreis, Hirse, Bulgur** etc. während der Zeit des Frühstücks kochen und bis zum Mittag ausquellen lassen.
- **Hülsenfrüchte** abends einweichen, zur Frühstückszeit kochen, bis zum Mittag ausquellen lassen.
- **Kartoffeln, Nudeln, Reis** gleich für zwei Tage kochen und kühl aufbewahren.
- **Backlinge, Hackbällchen, Nudelsaucen**, Gemüsebrühe, Gemüsewaffeln, Pizzaböden etc. gleich in größeren Mengen zubereiten und einfrieren.

Versäumen Sie es nicht, die Arbeiten in der Küche auch auf andere Familienmitglieder aufzuteilen. Kleine Kinder können weiche Gemüsearten schon gut schneiden, größere lieben es zu rühren, und bestimmt lässt sich auch Ihr Partner oder Ihre Partnerin einspannen. Gemeinsam am Tisch zu essen heißt auch, gemeinsam den Weg dorthin zu bestreiten.

Bausteine unserer Nahrung

Damit Ihr Kind rundum gesund aufwachsen kann, reicht es nicht aus, dass eine Mahlzeit nur schmeckt. Das richtige Maß an energieliefernden Nährstoffen wie Eiweiß, Fett und Kohlenhydraten sowie an Vitaminen und Mineralstoffen ist die Grundlage für ein gutes Gedeihen.

Die Lebensmittel, die wir aufnehmen, unterscheidet man in Nahrungs- und Genussmittel. Die Nahrungsmittel wiederum teilen wir in pflanzliche und tierische und in rohe bzw. verarbeitete ein. Zu den Bestandteilen der Nahrungsmittel zählen Eiweißstoffe, Kohlenhydrate, Fette, Mineralstoffe, Vitamine und das Wasser. Diese Bestandteile erfüllen unterschiedliche Aufgaben in unserem Körper.

- Als Baustoffe dienen sie dem Körper zum Aufbau und zur Erhaltung der Zellen – Eiweiße, Wasser, Mineralstoffe.
- Als Brennstoffe liefern sie dem Körper Energie (Bewegung und Wärme) – Fette, Kohlenhydrate.
- Als Wirkstoffe bzw. Schutzstoffe regeln sie die Körpervorgänge und schützen vor Krankheiten – Vitamine, Mineralstoffe.

Außerdem nehmen wir mit der Nahrung auf:

- Ballaststoffe: Sie regen die Darmtätigkeit an, regulieren den Blutglukosespiegel, sind aber für den Körper nicht verwertbar, für die Zahngesundheit sind sie jedoch unerlässlich – Zellulose, Pektine.
- Begleitstoffe: Sie regen den Appetit an – Farbstoffe, Duftstoffe, Geschmacksstoffe.

Kohlenhydrate

Kohlenhydrate gehören, wie auch Fett und Eiweiß, zu den drei Hauptnährstoffen. Die Kohlenhydrate bestehen aus Zuckermolekülen. Abhängig von der Anzahl der Zuckermoleküle unterscheidet man Einfachzucker (z. B. Trauben- und Fruchtzucker), Zweifachzucker (z. B. Haushalts- und Milchzucker), Mehrfachzucker (z. B. Maltodextrin) oder Vielfachzucker (z. B. Stärke aus Getreide, Hülsenfrüchten, Kartoffeln, Gemüse und Obst).

Wofür brauchen wir Kohlenhydrate?

Kohlenhydrate sind unsere Energiequelle. Zucker und Süßwaren enthalten Einfach- oder Zweifachzucker. Diese Zuckerart liefert sehr schnell Energie, da sie direkt in das Blut geht, hält aber nur sehr kurz vor. Getreide oder Kartoffeln enthalten komplexere Vielfachzucker, die langsam vom Körper verdaut und an das Blut abgegeben werden. Das hält uns lange satt. In Obst, Gemüse und Getreide, die zu einem großen Teil aus komplexen Kohlenhydraten bestehen, stecken automatisch viele wichtige Begleitstoffe wie Vitamine, Mineralstoffe und die für den Körper so wichtigen Ballaststoffe. Im Vergleich dazu spricht man auch bei stark gezuckerten Lebensmitteln wie Limonade oder Schokolade von leeren Kalorien, d. h., es handelt sich um reine Energie ohne positive Begleitstoffe!

Ballaststoffe sind unverdauliche Pflanzenbestandteile. Sie sättigen prima, regen die Verdauung an und sorgen für eine intakte Darmflora – die Grundvoraussetzung für ein gutes Immunsystem. Außerdem kaut man an Ballaststoffen länger, das ist gut für die Zähne.

Eiweiß

Eiweiß, auch Protein genannt, setzt sich aus Aminosäuren zusammen. Davon sind einige essentiell, d. h., der Körper kann sie nicht selbst herstellen und muss sie mit der Nahrung zuführen. Man unterscheidet pflanzliche und tierische Eiweiße, Letztere kann der Körper besonders gut verwerten. Pflanzliche Eiweiße sollten untereinander kombiniert werden, um eine ideale Versorgung zu garantieren. Solche Kombinationen können sein:

- Hülsenfrüchte mit Kartoffeln (Seite 87)
- Getreide mit Hülsenfrüchten
- pflanzliches mit tierischem Eiweiß, z. B. Pellkartoffeln mit Ei oder Quark (Seite 102)

Wofür brauchen wir Eiweiß?

Eiweiß benötigt der Körper als Baustoff. Für den Aufbau von Muskeln, Blutzellen, Hormonen und Enzymen sind Proteine unersetzlich. Eiweiß liefert genauso viel Energie wie Kohlenhydrate.

Fett

Zum einen teilt man Fette in sichtbare (z. B. Butter, Öl) und versteckte (z. B. das Fett in Wurst, Schokolade, Fleisch, Fertiggerichten) Fette ein. Darüber hinaus gibt es pflanzliche Fette, wie z. B. Olivenöl, und tierische, wie z. B. Butter. Die letzte Unterscheidungsmöglichkeit bezieht sich auf die Länge der einzelnen Fettsäuren und darauf, ob sie gesättigt oder mehrfach ungesättigt vorliegen. **Gesättigte Fettsäuren** stammen eher vom Tier: Man findet sie in Butter, Käse, Fleisch und Wurst. Sie sind chemisch unseren körpereigenen Fettdepots sehr ähnlich. Sie erhöhen den Blutcholesterinspiegel und füllen die Körperfettzellen auf. **Einfach oder mehrfach ungesättigte Fettsäuren** nehmen wir über pflanzliche Öle, Nüsse, Saaten, Avocado und Fisch auf. Sie sind wichtig für die Nerven- und Gehirnfunktionen, halten die Arterien elastisch, verbessern die Cholesterinwerte und sind an wichtigen Körpervorgängen beteiligt.

Wofür brauchen wir Fette?

Fette liefern doppelt so viel Energie wie Eiweiß und Kohlenhydrate und sind ein wichtiger Brennstoff für unseren Körper. Der Körper braucht Fett, um die fettlöslichen Vitamine A, D, E und K zu verwerten, außerdem benötigen wir Fette für den Aufbau von Zellwänden, für die Bereitstellung von Hormonen, zur Herstellung von Gallensäure und zur körpereigenen Vitamin-D-Bildung.

Vitamine

Vitamine sind lebenswichtig, da sie der Körper nicht selbst herstellen kann. Die Vitamine, die wir über die Nahrung aufnehmen, unterscheiden sich in fettlösliche Vitamine (A, D, E und K), die der Körper eine Zeit lang speichern kann, und in wasserlösliche Vitamine (B_1, B_2, B_6, B_{12}, C, Pantothensäure, Biotin und Folsäure), die der Körper allenfalls nur kurz speichert bzw. ausscheidet. Vitamine schützen unseren Körper: Sie stärken das **Immunsystem** und unterstützen die schnelle Bildung von roten Blutkörperchen oder die Umwandlung von Nahrung in Energie.

WISSEN

So viel soll es sein

Eiweiß: etwa 15 Prozent der Gesamtenergie

Fett: etwa 30 Prozent der Gesamtenergie

Kohlenhydrate: etwa 55 Prozent der Gesamtenergie

Zusätzlich braucht der menschliche Organismus ausreichend Wasser und Ballaststoffe, Vitamine und Mineralstoffe. Da bei Kindern Hunger, Appetit und Bewegung von einem auf den anderen Tag sehr variieren können, macht es durchaus Sinn, Nährstoff- und Energieaufnahme über eine Woche hinweg zu beurteilen.

Mineralstoffe

Mineralstoffe sind Elemente, die sich im Laufe der Jahre aus Mineralien und Steinen gelöst haben. Pflanzen nehmen sie über die Wurzeln aus der Erde auf und bauen sie in ihre Zellstruktur ein. Wir kommen an sie übers Trinkwasser, über Pflanzen oder indirekt über tierische Produkte. Mineralstoffe arbeiten als **Wirkstoffe** für unseren Körper. Sie sind unentbehrlich für den reibungslosen Ablauf zahlreicher Stoffwechselvorgänge wie z. B. für die Reizübertragung im Nervensystem, das Aktivieren von Enzymen, den Aufbau von Knochen und Zähnen und die Regulierung des Wasserhaushaltes. Man teilt sie ein in Mengenelemente wie Natrium, Kalzium, Kalium, Phosphor, Magnesium und Chlorid – sie werden vom Körper täglich in Gramm-Mengen benötigt – und Spurenelemente wie Eisen, Zink, Jod, Fluor, Mangan, Kupfer und Selen – sie werden nur in sehr niedrigen Dosen gebraucht.

Sekundäre Pflanzenstoffe

Sekundäre Pflanzenstoffe sind bioaktive Substanzen, die wir über Obst, Gemüse, Kartoffeln, Getreide und Hülsenfrüchte aufnehmen. Man kann sie riechen, schmecken und sehen. Einige sind schon sehr gut in ihrer chemischen Struktur und Wirkung auf unseren Körper erforscht. Lycopin, enthalten in Tomaten, schützt gegen Krebs, das weiß man inzwischen. Sekundäre Pflanzenstoffe wirken schon in geringsten Mengen. Sie gehören zu den Begleitstoffen in unserer Nahrung und regen Appetit und Verdauungssäfte an. Weiterhin senken sie den Blutdruck und wirken entzündungshemmend. Darüber hinaus schützen sie vor freien Radikalen (aggressive Stoffwechselprodukte).

Wie viel darf ein Kind wiegen?

In den letzten Jahren hat sich die Methode zur Berechnung des Gewichts eines Kindes nach dem sogenannten BMI (Body-Mass-Index) durchgesetzt. Er berücksichtigt nicht nur Körperlänge, Alter und Geschlecht, sondern auch die Hautfaltendicke und die Körperfettmasse. Der BMI wird mit Hilfe einer Formel berechnet:

$$\text{BMI} = \frac{\text{Körpergewicht in kg}}{\text{Grösse} \times \text{Grösse in m}}$$

Der kindliche BMI wird mit der gleichen Formel berechnet wie für Erwachsene, das Ergebnis wird allerdings anders interpretiert.

Liegt der BMI über der 90. Perzentile, ist dies definiert als **Übergewicht**, liegt dieser BMI über der 97. Perzentile, spricht man von **Adipositas**. Eine Überschreitung der 99,5. Perzentile wird als **extreme Adipositas** bezeichnet. Unterhalb der 10. Perzentile besteht **Untergewicht**, unterhalb der 3. Perzentile spricht man von **extremem Untergewicht**.

Hier einmal ein Beispiel: Ihr einjähriges Mädchen hat mit 75 cm (0,75 m) Körpergröße und einem Gewicht von 8,5 kg einen BMI von 15,1 und liegt damit als Mädchen genau auf der 15 %-Perzentile, es ist also relativ schlank, aber nicht untergewichtig. 15 % der Kinder in ihrem Alter haben dieses Gewicht. Solange das Gewicht des Kindes stetig zunimmt, besteht kein Anlass zur Sorge, solange sie nicht über längere Zeit unter die P3-Linien geraten.

Ein Junge mit 2 Jahren, einer Größe von 85 cm (0,85 m) und 14 kg hat einen BMI von 19,4 ist deutlich übergewichtig. Hier würde man sicherlich keine Diät empfehlen, sondern lediglich das Essverhalten beobachten, gegebenenfalls zuckerhaltige Getränke reduzieren und das Kind öfter einmal laufen lassen und nicht im Buggy schieben …

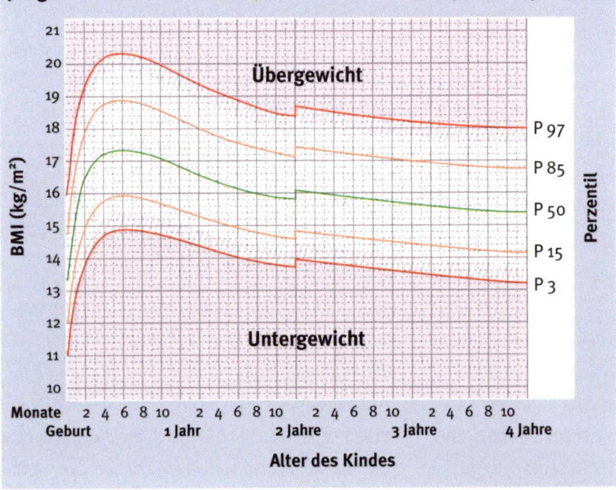

Jungen: Der BMI von der Geburt bis zum Ende des 4. Lebensjahres

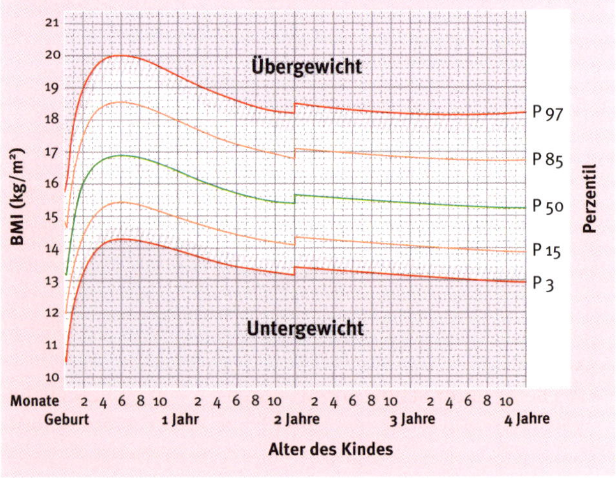

Mädchen: Der BMI von der Geburt bis zum Ende des 4. Lebensjahres

Wie viel Energie für welches Alter?

		1 Jahr	2 bis 3 Jahre	4 bis 6 Jahre
Energie in kcal pro Tag		950	1100	1450
reichlich	Getränke (ml pro Tag)	600	700	800
	Brot, Getreide, Flocken (g pro Tag)	80	120	170
	Kartoffeln[1] (g pro Tag)	80	100	130
	Gemüse/Obst (g pro Tag)	250	330	400 – 450
mäßig	Milch/-produkte[2] (ml/g pro Tag)	300 – 400	330 – 430	350 – 450
	Fleisch (g pro Woche)	60	70	80
	Eier (Stück pro Woche)	1 – 2	1 – 2	2
	Fisch (g pro Woche)	50	70	100
sparsam	Öl/Butter (ml/g pro Tag)	15	20	25
	Zucker und fettreiche Lebensmittel[3] (g pro Tag)	30	35	50

[1] oder Nudeln bzw. Reis
[2] 100 ml Milch entsprechen im Kalziumgehalt 15 g Schnittkäse oder 30 g Weichkäse
[3] Marmelade, Kuchen, Eis

Fett sparen und gezielt verwenden

In Fett steckt doppelt so viel Energie wie Eiweiß und Kohlenhydrate. Doch es ist nicht nur Dickmacher: Es liefert essenzielle Fettsäuren, fettlösliche Vitamine und Geschmacksstoffe. Sparsam und gezielt eingesetzt, hält es gesund und fit.

Fett sparen

- Als Belag unter Schokocreme, Frischkäse, Leberwurst hat die Butter keine Funktion.
- Öfter mal Fettarmes auf dem Brot essen: Schinken, Quark, Tomatenscheiben, Marmelade.
- Tomatenmark oder Senf ersetzen manchmal die Butter.
- Saucen mit Milch oder Joghurt strecken.
- Béchamelsauce am besten ganz ohne Butter zubereiten (Seite 124).
- Fettarm garen: dünsten, dämpfen, braten im Backofen oder Wok.
- Fett immer mit einem Löffel abmessen oder mit einem Ölzerstäuber auf Salate oder in der Pfanne verteilen.

Welches Fett wofür?

- als Streichfett: Butter oder Margarine ohne gehärtete Fette (stehen in der Zutatenliste der Verpackung)
- für Salate: kaltgepresste, native Pflanzenöle (Rapsöl, Olivenöl, Sonnenblumenkernöl, Walnussöl etc.)
- zum Dünsten von Gemüse: Butter, Rapsöl oder Olivenöl, kaltgepresst und nativ
- zum Braten von Fleisch, Fisch, Pfannkuchen: Butterschmalz, Kokosfett

Damit das Fett in der Pfanne nicht verbrennt, mischen Sie die gleiche Menge Wasser mit Öl. Sind 95 Grad erreicht, hören Sie, wie das Wasser herausspritzt. Dies ist der richtige Zeitpunkt, Fleisch oder Gemüse in die Pfanne zu geben.

Ist Ihr Kind ausreichend und gut versorgt?

Das Ernährungsrad zeigt Ihnen auf einen Blick, wie viele Portionen pro Tag/Woche einer Lebensmittelgruppe Ihr Kind für ein optimales Wachstum benötigt. Schaffen Sie es, dass sich das Rad einmal am Tag komplett dreht, ist Ihr Kind automatisch mit allen Nährstoffen prima versorgt. Da es aber Kindergeburtstage oder Ausflüge gibt, an denen nichts nach Plan verläuft, oder Tage, an denen kranke Kinder einfach schlecht oder einseitig essen, sollte man nicht einen Tag, was die Versorgung aller Nährstoffe angeht, bewerten, sondern immer den Verlauf einer Woche beurteilen. Am besten geht das mit einem Wochenplan, den Sie auf Seite 42 finden. Ein Tag, an dem der »grüne Bereich« des Ernährungsrads mit Obst und Gemüse besonders berücksichtigt wird, kann einen Eis- und Pommestag ausgleichen. Die Farben des Rads verdeutlichen: Rot heißt: sparsam genießen, Gelb: in Maßen und Grün bedeutet: kräftig zuschlagen.

▼ Das Ernährungsrad zeigt Ihnen, wovon Ihr Kind täglich wie viel essen sollte.

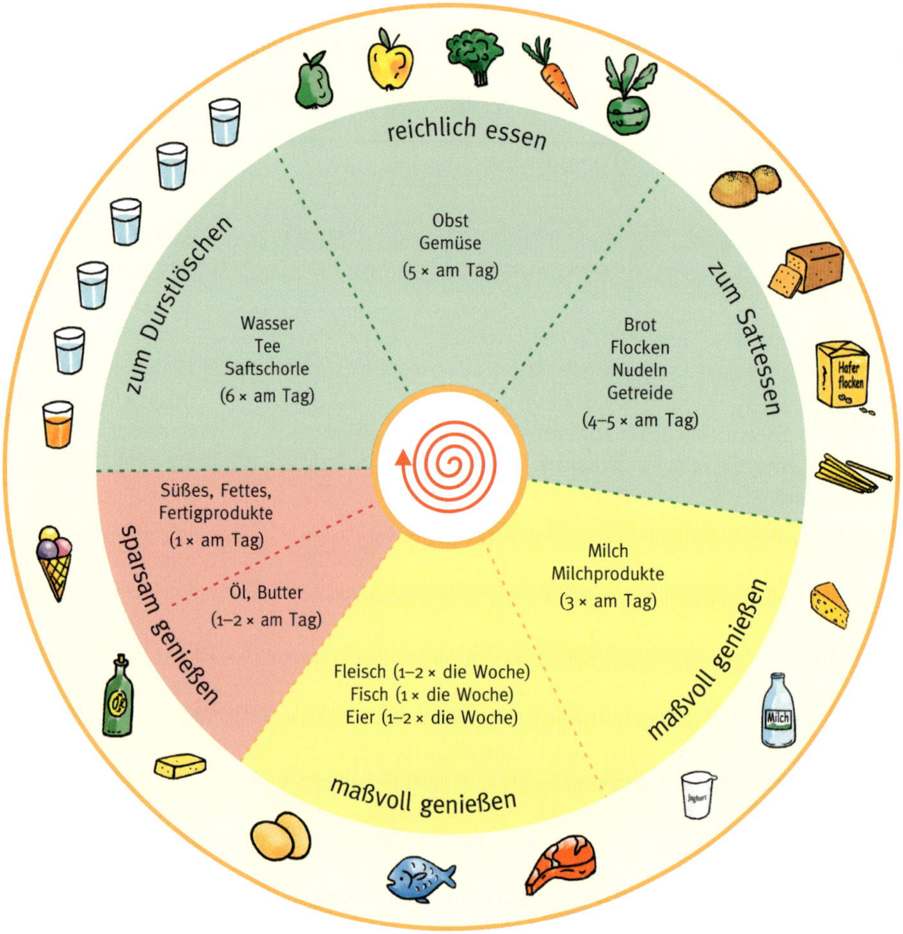

Das bedeuten die Symbole

Getränke
100 – 140 ml

Gemüse und Obst
1 Portion = 1 Kinderhand

Brot, Nudeln, Flocken
20 – 40 g

Fleisch, Fisch und Eier
30 – 40 g

Milch und Milchprodukte
150 – 200 g

Öl/Butter
10 – 20 g

Süßes/Fettreiches
30 – 50 g

Beurteilen Sie das Ernährungsverhalten Ihres Kindes nicht über einen einzelnen Tag, sondern über die ganze Woche. Der Wochenplan gibt erst wirklich Auskunft darüber, wie gut Ihr Kind versorgt ist. In einigen Entwicklungsphasen ist jedoch Weitsicht geboten, denn Krankheit, Wachstumsschübe und bestimmte altersbedingte oder auch saisonale Vorlieben können durchaus mehrere Wochen anhalten.

Auf der nächsten Doppelseite finden Sie eine **Kopiervorlage,** die Sie in die Küche hängen und auf der Sie jeden Tag die Portionen abstreichen können, die Ihr Kind gegessen und getrunken hat. Die Anzahl der Symbole hinter den einzelnen Lebensmittelgruppen zeigt den Idealzustand; sollte also bei Ihrem Kind alles weggestrichen sein, gratulieren Sie Ihrem Kind und auch sich selber, und legen das Buch einfach weg, denn Sie brauchen es nicht mehr! Hat jede Lebensmittelgruppe eine ¾-Mehrheit abgestrichener Lebensmittelsymbole, dann sind Sie sicherlich auf dem richtigen Weg. Eine Kursänderung in Richtung einer gesunden Ernährung wird dann notwendig, wenn nur die Hälfte der Symbole weggestrichen ist oder wenn im gelben und roten Bereich deutlich mehr Symbole hinzugekommen sind und der grüne Bereich unter 50 Prozent liegt.

Kursänderung langsam einschlagen

Besprechen Sie, wenn nötig, eine Kursänderung mit der ganzen Familie; in den seltensten Fällen liegt ein schlechtes Ergebnis nur beim Kind. Alle Familienmitglieder sollten dann auch einverstanden sein und die Notwendigkeit einer Kursänderung mittragen. Nur so fühlt sich ein Kind ermutigt für eine Ernährungsumstellung. Erhöhen Sie also auch für sich die Portionsmengen und essen und »malen« Sie ab sofort mit Ihrem Kind mit, ganz nach dem Motto: »Konkurrenz belebt das Geschäft!« (So manch ein Erwachsener ist sehr überrascht darüber, dass seine eigenen Ernährungsgewohnheiten, wenn er sie einmal schwarz auf weiß sieht, doch nicht so gut sind, wie er dachte).

▶ **Obst und Gemüse sollten täglich dazugehören.**

Bei einer gemeinsam festgelegten und erreichten Symbolanzahl belohnen Sie sich alle mit einem Ausflug z. B. ins Schwimmbad oder in den Zoo! Pausieren Sie dann ruhig zwei bis drei Wochen mit dem Aufschreiben und beobachten Sie dann, inwieweit sich diese positive Entwicklung hin zu einer gesunden Familienernährung weiter fortsetzt.

Die Erfahrung zeigt, dass die Umstellung auf eine gesunde Ernährung langsam geschehen muss und in der Regel nur dann dauerhafte Wirkung zeigt und von Erfolg gekrönt ist. Nach saisonal bedingten Ernährungsunruhen wie beispielsweise Weihnachten, Ostern oder Urlaub bringt Sie eine erneute Periode mit dem Ernährungscheck wieder zurück in die nun liebgewonnenen und gewohnten Bahnen.

Was habe ich gegessen? – Auf einen Blick

	Montag	Dienstag	Mittwoch	
Wasser, Tee, Saftschorle				
Obst und Gemüse				
Brot, Flocken, Nudeln, Getreide				
Milch und Milchprodukte				
Fleisch, Fisch, Eier				
Süßes, Fettes, Fertigprodukte				
Öl, Butter				

▲ Nutzen Sie den Plan als Kopiervorlage – so können Sie ihn mehrmals verwenden. Immer dann, wenn Ihr Kind etwas aus einer Lebensmittelgruppe gegessen hat, können Sie ein Symbol durchstreichen. So sehen Sie auf einen Blick, was noch fehlt.

	Donnerstag	Freitag	Samstag	Sonntag

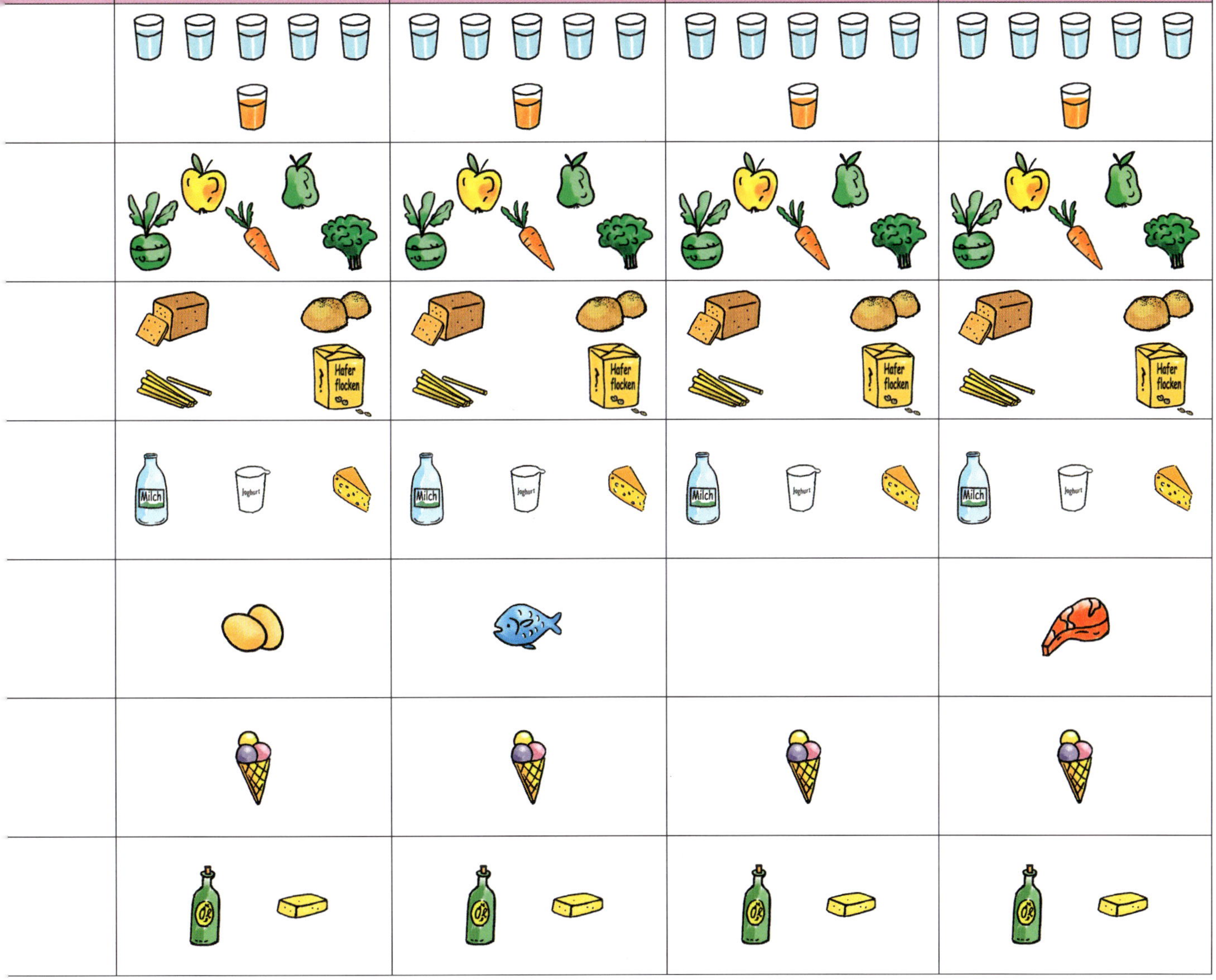

1 ½ - bis 4-Jährige

Gut versorgt durch die Woche – so könnte sie aussehen

	Montag	Dienstag	Mittwoch
Frühstück	Haferflocken, Früchte, Milch, Zwieback, Knäckebrot	Müsli-Bar	Brot, Fruchtmus, Obst
1. Zwischenmahlzeit	Obst und Gemüse, Brot, rote Butter	Knäckebrot, Käse, Gurkenscheiben	Joghurt, Obst
Mittags	Rotkohlsalat, italienische Nudeln al forno	Rotkohlsalat, Hackbällchen, Kohlrabi und Möhren in Curry-Senf-Sauce, Pellkartoffeln	Maissalat mit Käsecreme, Gemüsekuchen vom Blech, rote Paprikasauce
2. Zwischenmahlzeit	Obstkuchen	Bananen-Schoko-Nachtisch	Haferkekse, Obst
Abends	Gemüsecremesuppe, Dinkelstangen	Brot, Putenaufschnitt, Rohkostsalat	Nudelsalat
	Wasser, Tee, Saftschorle	Wasser, Tee, Saftschorle	Wasser, Tee, Saftschorle
Organisationstipps	Obstkuchen vom Sonntag, Rotkohlsalat für zwei Tage machen, zusätzlich Nudeln für Nudelsalat am Mittwoch kochen	Putenaufschnitt vom Putenbraten vom Sonntag	Gemüsekuchen aus Gemüseresten der Woche, Nudelsalat mit Nudeln vom Montag, Fruchtmus für das Wochenende zubereiten

	Montag	Dienstag	Mittwoch
Frühstück	Karotten-Otto, Brot, Fruchtmus	Müsli-Bar	Obst, Gemüse, Brot und Käse
1. Zwischenmahlzeit	Obstsalat	Dinkelstangen, Kräuterquark, Kohlrabistifte	Joghurt mit Obst
Mittags	Dinkeltaler, Kürbissauce, Pellkartoffeln	Apfel-Möhren-Salat, Putengeschnetzeltes mit Vollkornreis	Apfel-Möhren-Salat, bunte Reispfanne, schnelle Tomatensauce
2. Zwischenmahlzeit	Cranberry-Schnitten	Obst	Zwieback mit Schoko-Nuss-Creme, Birne, Banane
Abends	Linsensalat mit Hüttenkäse	Brot, Gemüse, Kräuterquark	Gemüsecremesuppe aus Kürbis
	Wasser, Tee, Saftschorle	Wasser, Tee, Saftschorle	Wasser, Tee, Saftschorle
Organisationstipps	geputzten Kürbis für Mittwoch im Kühlschrank aufbewahren, Fruchtmus für das Wochenende mit zubereiten	Kräuterquark am Morgen für den Abend, Apfel-Möhren-Salat und Vollkornreis für den Mittwoch direkt zubereiten	Schoko-Nuss-Creme für das Wochenende mit zubereiten

	Donnerstag	Freitag	Samstag	Sonntag
	Müsli-Bar	Haferflocken, Früchte, Milch, Zwieback, Knäckebrot	Brötchen, Obst, Gemüse, rote Butter, Fruchtmus, Käse, Aufschnitt	Brötchen, Quarkhörnchen, süße Avocadocreme, Schoko-Nuss-Creme, Obst, rote Butter, Käse, Fruchtmus
	Dinkelstangen, Käsewürfel, Möhren, geschnitten	Obst, Gemüse, Brot und Wurst	Karotten-Otto	
	Apfel-Möhren-Salat, Champi-gnonragout mit Vollkornreis	Rohkost mit Kräuterquark, Ketchup, Fischstäbchen, Pellkartoffen	Gemüselutscher, Gemüsequiche, Apfelsahne mit Himbeersauce	Brokkoli-Tomaten-Salat, Putenbraten vom Blech
	Himbeer-Eis-Shake	Haferkekse, Obst	Dinkelstangen, Haferkekse	Obstkuchen
	Brot, rote Butter, Rohkostsalat	Brot, Kartoffelaufstrich	Möhrenwaffeln, Kräuterquark, Gemüselutscher	Rohkost mit Resten von Dips/ Brotaufstrichen, Brot, Brötchen
	Wasser, Tee, Saftschorle	Wasser, Tee, Saftschorle	Wasser, Tee, Saftschorle	Wasser, Tee, Saftschorle
	Dinkelstangen sind noch von Montag, rote Butter für das Wochenende zubereiten	Pellkartoffeln mittags für den Kartoffelaufstrich am Abend zurücklegen	evtl. Brötchen und/oder Quark-hörnchen abends vorbacken	

	Donnerstag	Freitag	Samstag	Sonntag
	Müsli-Bar	Hafermilch, Knäckebrot	Brot, Brötchen, Obst, Gemüse, Fruchtmus, Käse, Aufschnitt	Hefezopf, Brot, Schoko-Nuss-Creme, Fruchtmus, Käse, Aufschnitt
	Knäckebrot mit Wurst und Gurkenscheiben	Brot mit Schoko-Nuss-Creme, Bananenscheiben	Frucht-Buttermilch	
	Fischfilet mit Tomatendeckel, Zucchinisalat mit Tomaten-Dressing, Pellkartoffeln	Bröselkartoffeln mit Paprika-quark, Brokkoli-Tomaten-Salat	Minestrone mit Buchstaben-nudeln, Apfelcreme	Käsesoufflé, Rohkost, Tomaten-dip, Möhrenmayonnaise
	Frucht-Buttermilch	Himbeer-Stieleis	Cranberry-Schnitten	Früchtefondue
	Brot, Wurst, Brokkoli-Tomaten-Salat	Dinkelstangen, Rohkost, Curry-Bananen-Dip	Mini-Pizzen	Rohkost mit Resten von Dip, Brotaufstrichen, Brot, Brötchen
	Wasser, Tee, Saftschorle	Wasser, Tee, Saftschorle	Wasser, Tee, Saftschorle	Wasser, Tee, Saftschorle
	doppelte Portion Brokkoli-Tomaten-Salat für Freitag mit zubereiten	evtl. Brötchen abends vorbacken	zusätzliche Mini-Pizzaböden auf Vorrat backen und einfrieren	

Von Weißbrot zu Vollkornbrot – so klappt's ganz leicht

Geben Sie sich und Ihrem Kind ganz viel Zeit, um sich auf eine gesündere Ernährungsweise umzustellen. Der Darm, der Gaumen und all die lieb gewonnenen Gewohnheiten brauchen ihre Zeit, um sich auf das umzustellen, was der Kopf gelesen und entschieden hat (besonders wenn es ein elterlicher Kopf ist). Besser essen und trinken zu lernen ist ein Prozess, der nicht nur im Kopf stattfindet, sondern auch beim Einkaufen, beim Kochen und beim gemeinsamen Essen. Würde man seine Ernährung von heute auf morgen umstellen, gliche das einer Diät, die ja in der Regel nur eine gewisse Zeit dauert. Bei der Umstellung auf eine gesündere Ernährung geht es aber darum, dauerhaft den Gaumen und das Herz mit neuen, gesünderen Alternativen zu erfreuen. Wenig gesundheitsverträgliche Ernährungsgewohnheiten sollten zugunsten neuer Geschmackserlebnisse seltener werden.

Was Sie bei der Umstellung beachten müssen

Getränke:
- Immer mehr Wasser und weniger Saft oder Limonade in das Glas füllen.
- Tagsüber nur Wasser, abends Schorle.
- In der Woche nur Wasser, am Wochenende Schorle.

Obst und Gemüse:
- Dosenobst und -gemüse durch unangemachte Tiefkühlware ersetzen.
- Tiefgekühltes Gemüse immer mehr durch frisches Obst und Gemüse ersetzen.
- Obst nur noch frisch kaufen.
- Zu jeder Mahlzeit etwas Frisches essen.

Getreide:
- Morgens Vollkornbrot, abends Weißbrot.
- In der Woche Vollkornbrot, am Wochenende Weißbrot.
- Vollkornreis und weißen Reis zu buntem Reis mischen.
- Vollkornreis für Aufläufe verwenden.
- Hefeteig, Quark-Öl-Teig, Mürbeteig mit Vollkornmehl backen.
- Rührteig zur Hälfte mit Vollkornmehl und Weißmehl backen.

Milch und Milchprodukte:
- In der Woche Milch, am Wochenende Kakao trinken.
- Fruchtjoghurt mit Naturjoghurt mischen.
- Naturjoghurt mit frischen Früchten mischen.

Fleisch, Fisch und Eier:
- Portionen immer kleiner werden lassen.
- Fleisch klein schneiden und mit viel Gemüse und Sauce anbieten.
- Fisch ohne Panade.
- Hefeteig häufiger als Rührteig zubereiten, um Eier und Fett zu sparen.

Süßes und Fettiges:
- Obst-Hefeteigkuchen, Früchtequark und Trockenfrüchte in der Woche, Kuchen und Pudding am Wochenende.
- Mehr Sesambrezeln als Chips.

Gunter Gemüsnix

Kleines Ernährungs-ABC

Von Acrylamid bis Zöliakie – hier finden Sie interessantes und nützliches Ernährungswissen. Begriffe wie BSE, Nitrit oder Pestizide sind in aller Munde. Jeder liest und spricht darüber, nur wenige wissen genau Bescheid. Lesen Sie hier die wissenschaftliche Erklärung und bilden Sie sich Ihre eigene Meinung!

A

Acrylamid

Acrylamid bildet sich unter Hitzeeinwirkung in Lebensmitteln mit niedrigem Wassergehalt aus Kohlenhydraten (Fruktose, Glukose) und Eiweißen (Asparaginsäure). Nur beim Backen, Braten, Rösten und Frittieren entsteht Acrylamid, beim Kochen, Dünsten und Dämpfen hingegen nicht.

Im Tierversuch hat eine hohe Acrylamidaufnahme eine krebserregende und erbgutverändernde Wirkung gezeigt. Inwieweit Acrylamid für den Menschen eine Gefahr darstellt, ist noch nicht endgültig geklärt, das Verbraucherschutzministerium rät aber dazu, die Aufnahme so gering wie möglich zu halten. Besonders viel Acrylamid steckt in **Kartoffelchips, Pommes frites und Kräckern,** die man demzufolge höchstens einmal pro Woche essen sollte.

Tipps zur acrylamidarmen Zubereitung:

- Starke Bräunungen von Lebensmitteln vermeiden.
- Beim Backen von Kuchen, Pizza und Brot die Temperatur nicht höher als 180 Grad Umluft oder 200 Grad Ober-/Unterhitze wählen, beim Backen von Keksen nicht höher als 170 Grad Umluft und 190 Grad Ober-/Unterhitze.
- Backpapier verwenden.
- Große Gebäckstücke bilden weniger Acrylamid.
- Gebäck mit Ei entwickelt weniger Acrylamid.
- Toast nur sehr leicht bräunen.

Allergie

Allergien und Unverträglichkeiten sind überschießende Reaktionen des körpereigenen Immunsystems auf Stoffe aus der Umwelt, die vom Organismus als fremd erkannt werden. Ob es sich bei einer Reaktion um eine Allergie oder eine Unverträglichkeit handelt, ist von geringer Bedeutung, da die Konsequenzen gleich sind. Zu den Allergien werden Reaktionen gezählt, die sofort entstehen, z. B. ein plötzlicher Nesselausschlag nach dem Verzehr von Ei. Verschlimmert sich nach dem Verzehr von z. B. Kuhmilch nach einigen Tagen eine **kindliche Neurodermitis**, ist dies eher eine allergische Spätreaktion oder Unverträglichkeit.

Sofort auftretende allergische Reaktionen nehmen oft bei wiederholtem Kontakt mit dem Allergen an Stärke zu, wohingegen verzögerte Reaktionen in ihrem Ausmaß gleich bleiben. Allein durch das Weglassen dieses Lebensmittels treten bei vielen Kindern nach einigen Jahren diese Reaktionen nicht mehr auf.

Kinder reagieren eher auf tierische Eiweiße, wie z. B. aus Kuhmilch oder Hühnerei, wohingegen Erwachsene mehr auf pflanzliche Eiweiße reagieren wie z. B. auf Karotten, Sellerie, Äpfel oder Nüsse. Ältere Kinder und Erwachsene reagieren seltener direkt auf Nahrungsmittel. Ihre Überempfindlichkeit kann jedoch über eine sogenannte Kreuzallergie auf Nahrungsmittel gelenkt werden. Das bedeutet, dass ihr Immunsystem zwar ursprünglich auf Substanzen in der Luft anspringt (Pollen, Tierhaare, Hausstaubmilben, Latex), da diese Allergene aber in ihrem Aufbau Molekülstrukturen von Lebensmitteleiweißen sehr ähneln, entstehen bei deren Verzehr auch vergleichbare Reaktionen. Das heißt: Ein Jugendlicher, der eigentlich nur gegen Haselnusspollen allergisch ist, verträgt unter Umständen weder Apfel noch Birne.

Fast jedes vierte Kind leidet heute unter Allergiesymptomen wie Neurodermitis, Asthma oder Heuschnupfen. Laut dem Forschungsinstitut für Kinderernährung in Dortmund kann im Säuglings- und Kleinkindalter über das Vermeiden bestimmter Nahrungsallergene das Auftreten und das Ausmaß von Allergien beeinflusst werden. Bei Kindern mit einer hohen Wahrscheinlichkeit für eine Allergie (z.B. wenn beide Eltern Allergiker sind) empfiehlt es sich heute, im ersten Lebensjahr potenzielle Lebensmittelallergene aus Weizen und Fisch zu geben. Ei, Soja und Zitrusfrüchte hingegen sollten erst gegen Ende des ersten Lebensjahres in kleinen Mengen auf dem Speiseplan stehen. Auch Nüsse, allerdings nur in gemahlener oder pürierter Form, darf ein Kind ab dem ersten Geburtstag essen.

B

Bio

Der Begriff »Bio« ist in der EU gesetzlich definiert. Die Produkte müssen aus kontrolliert ökologischer Landwirtschaft ohne Gentechnik und ohne Einsatz von Pestiziden, Kunstdüngern oder Abwasserschlamm erzeugt sein. Die Produkte sind nicht ionisierend bestrahlt und enthalten erheblich weniger Lebensmittelzusatzstoffe als konventionell erzeugte. Tiere werden gemäß der EG-Bioverordnung artgerecht gehalten und deutlich weniger mit Antibiotika und Wachstumshormonen behandelt. Wo »Bio« draufsteht, muss auch »Bio« drin sein, denn »Bio«, »Öko« oder ähnliche Begriffe sind im Lebensmittelbereich durch die Öko-Verordnung der EU gesetzlich geschützt. Ein eindeutiges Erkennungsmerkmal ist die Codenummer (DE-Öko-0??) der Öko-Kontrollstelle auf dem Etikett.

Biologische Wertigkeit

Durch günstige Kombination verschiedener eiweißreicher Lebensmittel entstehen sogenannte Aufwertungseffekte. Die in einem Lebensmittel in geringer Konzentration vorhandenen essenziellen Aminosäuren (Eiweißbausteine) können in einem anderen Lebensmittel in höherer Konzentration vorhanden sein und sich so optimal ergänzen. Es ist günstig, die zwei oder drei verschiedenen Lebensmittel bei derselben Mahlzeit zu verzehren. So kann man **pflanzliches Eiweiß** geschickt aufwerten, das dann genauso hochwertig ist wie tierisches Eiweiß. Insbesondere für Kinder und Jugendliche, die wenig oder gar kein Fleisch mögen, ist dies eine Möglichkeit, auch mit Kartoffeln, Hülsenfrüchten und Milchprodukten eine hohe biologische Eiweißqualität zu erreichen. Zu den günstigen Kombinationen zählen Linsen mit Kartoffeln, Mais oder Brot, Reis-Bohnen-Gerichte oder Pellkartoffeln mit Ei oder Quark.

BSE

BSE (Bovine Spongiforme Enzephalopathie) kann durch den Verzehr von belastetem Rindfleisch auf den Menschen übertragen werden. Die Krankheit verbreitet sich über nicht natürlich entwickelte Eiweißstoffe (Prionen). Seit 2000 müssen in Deutschland 30 Monate alte Rinder auf BSE getestet werden. Insbesondere Hirn und Nervengewebe darf weder verarbeitet werden noch in den Handel gelangen. Obwohl seit 2001 das Füttern von Tiermehl an Rinder verboten ist, kann man nicht ausschließen, dass es trotzdem an Rinder verfüttert wird, da man Tiermehl als Düngemittel einsetzt.

Bei der artgerechten Tierhaltung, also der Erzeugung von sogenanntem Biofleisch, ist der Einsatz von Tiermehlen verboten. Hier bekommen die Tiere ausschließlich ökologisch erzeugtes Futter, und Junge erhalten die Milch ihres Muttertieres.

Tipps, um das BSE-Risiko zu verringern:

- Fleisch – Rind, Schwein oder Geflügel – sollte grundsätzlich aus artgerechter Tierhaltung gekauft werden oder von einem Metzger des Vertrauens, der die Herkunft des Fleisches lückenlos dokumentiert.
- Für Wurstwaren und Fleisch in Fertigprodukten gilt das Gleiche.
- Innereien sollten nicht verzehrt werden.

D

Diät

Jeder fünfte Erstklässler hat Übergewicht, mit einem BMI über 18 (Seite 36). Die langfristigen Folgen sind Diabetes, Bluthochdruck, erhöhter Blutcholesterinspiegel und Haltungsschäden. Dicke Kinder leiden unter der Ablehnung ihrer Mitschüler, fürchten die Anstrengungen im Sportunterricht und die Unbeweglichkeit. Dies wird in der Regel mit einem Rückzug vor den Fernseher oder Computer und Frustessen kompensiert. Ein Kreislauf beginnt, aus dem ein Kind und auch eine Familie nicht alleine wieder herausfindet. Ein sechsjähriges Kind kann und sollte sich nicht alleine, auch nicht von seinen Eltern aus, auf Diät setzen. Denn Kinder sind keine kleinen Erwachsenen, bei denen man schon eher einfach nur die Energie reduzieren könnte, Kinder befinden sich im Wachstum und dafür brauchen sie genügend Nährstoffe, um sich optimal entwickeln zu können! Also gilt es, die Nährstoffdichte zu erhöhen, damit der Schüler rundum gut versorgt ist (Seite 54). In speziellen **Abnehmprogrammen,** z. B. von den Krankenkassen, lernen Kinder in der Gruppe gemeinsam, wie sie ihr Essverhalten verändern können. Fragen Sie Ihren Kinderarzt oder die Krankenkasse – beide können Sie an Gruppen vermitteln.

Unterstützt durch viele praktische Übungen zur Zubereitung von fettarmen Gerichten, die schmecken, Bewegungseinheiten und Spielen, begreift das Kind am besten seine persönliche Situation und ist in der Lage, sich ein erreichbares Ziel zu setzen. Unumgänglich ist allerdings die Bereitschaft der Eltern, das Bemühen des Kindes zu Hause zu unterstützen. Gute Abnehmprogramme beziehen die Eltern und eventuell die Großeltern und Geschwister mit ein. Vorsicht: Ein Kind immer wieder auf radikale Diäten zu setzen, kann körperliche Entwicklungsstörungen hervorrufen und seelisch als Einstiegsdroge für Essstörungen gelten. Motivation zur Bewegung, Gespräche mit Psychologen, Ärzten und Ernährungsberatern bieten eine ganzheitliche Lösungsstrategie an.

▲ Trockenfrüchte aus dem Biomarkt sind immer ungeschwefelt.

Dörrobst

In Dörrobst, auch Trockenobst genannt, steckt neben geringen Mengen Mineral- und Ballaststoffen jede Menge Zucker. Daher sollte es wie Süßigkeiten behandelt werden. Rosinen, die besonders kleine Kinder gerne essen, weichen zusätzlich den schützenden Zahnschmelz auf und lösen Mineralien aus ihm heraus. Daher gilt die ganz klare Empfehlung, dass eine halbe Stunde nach dem Verzehr die Zähne geputzt werden sollten. Werden Trockenfrüchte eingeweicht, verringert sich der Zuckergehalt.

Um Dörrobst vor Schädlingen und Fäulnisbakterien zu schützen, wird Schwefeldioxid, eine schwefelige Säure, zur Konservierung verwendet. Dadurch behält das Trockenobst seine ursprüngliche Farbe, wie bei orangefarbenen Trockenaprikosen. Die schwefelige Säure wird als Konservierungsmittel (E220) angegeben. Schwefelige Säure kann bei Kindern Kopfschmerzen, Übelkeit und allergische Reaktionen auslösen und bei Asthmatikern zu Asthmaanfällen führen**. Trockenobst vom Biomarkt** ist grundsätzlich nicht geschwefelt. Aufgrund der bräunlichen Farbe sieht es allerdings auch nicht so attraktiv aus, der Geschmack leidet aber nicht im Geringsten darunter. Pflaumen oder Feigen bilden häufig einen weißen Belag, hier handelt es sich um auskristallisierten Zucker. Schimmelpilzbefall erkennt man am säuerlichen Geruch und einem zuckrig-weißen flächendeckenden Belag.

E

Eis

Nur 20 Prozent des Eiskonsums wird von den Eisdielen abgedeckt, den Rest liefert die Industrie – in unsere Gefrierschränke. Eis aus dem Supermarkt ist absolut keimfrei, was im freien Verkauf in der Eisdiele nicht immer gewährleistet ist. Allerdings enthält **Industrieeis** mehr Zusatzstoffe: Aromen, Farbstoffe, künstliche Süßstoffe.

Milcheis hat einen sehr hohen Nährwert, es liefert Aminosäuren, fettlösliche Vitamine und Mineralstoffe (100 g Milcheis decken 80 Prozent des Tagesbedarfs an Kalzium eines Kindes).
Die gleichzeitig hohen Zucker- (bis zu 25 Prozent) und Fettmengen (5 Prozent bei Buttermilcheis, 25 Prozent bei Schokoladeneis) relativieren den Nährwertgehalt. Ab und zu und dann wenig (1 Portion entspricht 75 g) – dagegen ist nichts einzuwenden. Mit Joghurt- oder Buttermilcheis, mit nur halb so viel Fett wie Sahne- oder Milcheis, können Sie Ihrem Kind sicher öfter mal eine Freude machen.

Wassereis oder Kunstspeiseeis enthält besonders viel Aromen, Farbstoffe und Zucker, dafür aber wenig Fett und Frucht. Es lässt sich jedoch spielend selber machen: Einfach 100-prozentigen Fruchtsaft oder pürierte Früchte in Eiswürfelbehälter oder Eis-am-Stiel-Formen füllen und im Eisfach gefrieren lassen. So spricht, besonders im Sommer, nichts gegen ein tägliches Eis (Seite 136). Ihre Kinder werden begeistert sein!

E-Nummern

Die Europäische Gemeinschaft hat alle Zusatzstoffe in Gruppen unterteilt und nummeriert. Diese müssen auf der Verpackung einzeln deklariert werden. Da die E-Nummern in den letzten Jahren einen schlechten Ruf bekommen haben, werden sie heute oft nicht mehr als Nummer angegeben, sondern nur die Klassenbezeichnung zusammen mit dem Zusatzstoff genannt: z. B. »Verdickungsmittel Johannisbrotkernmehl« oder »Geschmacksverstärker Glutamat«. Besonders auf Baby- oder Kindernahrung findet man das »E« nur noch selten, weil viele Eltern hinter diesen Nummern gesundheitsschädliche Substanzen vermuten. Die etwa 350 E-Nummern wurden je nach Verwendungszweck in verschiedene Gruppen untergliedert. Aromastoffe, ohne Nummer und in fast allen Lebensmitteln vorhanden, verleihen Lebensmitteln ihren typischen Geruch und Geschmack. Es gibt etwa 2000 verschiedene Aromastoffe, 400 sind erwiesenermaßen ungefährlich. Von ca. 180 Aromastoffen rät der Europarat in Straßburg ab.

Unproblematische Stoffe:

- E200–203: Sorbinsäure bei den Konservierungsmitteln
- E236–238: Ameisensäure bei den Konservierungsmitteln
- E300: Vitamin C oder Ascorbinsäure bei den Antioxidanzien
- E322, E470, E471: Emulgatoren und Stabilisatoren, sind aus natürlichen Substanzen aufgebaut.
- Verdickungsmittel: Johannisbrotkernmehl, Agar-Agar, Gelatine, Stärke, Pektin

E-Nummern und ihre Verwendung

Verwendungszweck	Nummer	Einsatz	welche auf keinen Fall	Begründung
Farbstoffe	E100–199	in Zuckerwaren aller Art, Marzipan, Obstkonserven, Limonade, Pudding, Eis, Margarine, Käse, Fischerzeugnissen	E102:Tartrazingelb (Gummibärchen) E122: Azorubinrot E123: Amaranthrot E127: Erythrosinrot (kandierte Kirschen)	mögliche allergische Reaktionen, Krebsverdacht

E-Nummern und ihre Verwendung

Verwendungszweck	Nummer	Einsatz	welche auf keinen Fall	Begründung
Konservierungsmittel	E200–290	in vielen verschiedenen Lebensmitteln, verlängern die Haltbarkeit, hemmen das Wachstum von Schimmel und Bakterien	E210: Benzolsäure (Kartoffelsalate, geschwefelte Trockenfrüchte) E214–219: PHB-Ester (Gemüsekonserven, Salatsaucen, Fruchtsaftgetränke)	starkes allergenes Potenzial
			E249–252: Nitrate (gepökeltes Fleisch und Wurstwaren)	Umwandlung in Nitrat und mögliche Nitrosamine, krebserregend
			E232: Natriumorthophenylphenolat (Schale von Zitrusfrüchten)	Krebsverdacht
Antioxidanzien, Säuerungsmittel	E300–321	in Suppen, Brühen, Saucen in Trockenform, Knabbermischungen, Kaugummi, Marzipan und Nougatmasse, Eis, Margarine, Öl Sie verhindern Reaktionen von Sauerstoff mit Lebensmitteln, erhöhen die Haltbarkeit.	E310: Propylgallat (in Kaugummi) E311: Octylgallat E312: Dodectylgallat (Marzipan, Nougat, Knabberartikel)	allergieauslösend Steht im Verdacht, bei Säuglingen zur Blausucht zu führen. Darf in Säuglingsnahrung nicht zugesetzt werden.
Emulgatoren, Stabilisatoren	E322 E338–341 E470 f.	in Süßspeisen, Pudding, Eis, Backwaren, Wurst, Käse, Mayonnaise, Cremespeisen	E338–341: Phosphate (Trockenmilcherzeugnisse, Brot, Backpulver, Fischstäbchen, Dosenwürstchen)	Sie sind alle biologisch hochwirksam, aber toxikologisch unzureichend untersucht. Spielen eine Rolle bei etwa der Hälfte aller hyperaktiven Kinder.
Verdickungsmittel	E400–415 E440 E460–466	in Gelees, Pudding, Konfitüren, Saucen, Wurstwaren, Light-Produkten, Eis		
Modifizierte Stärke	E1404 1450	fast in jedem Lebensmittel, muss nicht deklariert werden		
Geschmacksverstärker	E620 f.	Wurst, Brühen, Saucen, TK-Produkte, Fertigprodukte	E620–625: Glutamat	Kann Kopfschmerzen und Kreislaufprobleme auslösen, appetitanregend.

F

Fischstäbchen

Auch Kinder, die sonst frischen Fisch nicht essen, mögen Fischstäbchen. Dies liegt sicherlich an der Panade, die etwa ein Drittel des Fischstäbchens ausmacht und damit den echten Fischgeschmack überdeckt. Sie besteht aus Öl, Mehl, Wasser, Stärke, Salz und Aromen. Sie saugt sich beim Braten mit Fett voll, sodass das Fischstäbchen letztendlich 10 Prozent Fett enthält. Zur Stabilisierung der Panade werden in allen Fischstäbchen **Phosphate** eingesetzt, die im Verdacht stehen, die für diesen Stoff sensiblen Kinder unruhig zu machen. Phosphate erhöhen auch das Osteoporoserisiko.

Es gibt bereits Biofischstäbchen im Naturkosthandel, die, laut Hersteller, frei von wasserbindenden Stabilisatoren, Säureregulatoren und Phosphaten sind. Gehen Sie besser nicht davon aus, dass Fischstäbchen garantiert grätenfrei sind, daher ist es ratsam, sie für kleine Kinder zu zerteilen (Seite 104).

Fluorid

Über Fluoridtabletten für Säuglinge und Kinder gehen die Meinungen auseinander. Wenn Bakterien im Mund Zucker in Säuren umwandeln, werden Mineralien aus dem Zahnschmelz herausgelöst und dieser ist dann anfällig für Zahnkaries. Fluorid soll verhindern, dass der Zahn angegriffen wird, indem es ihn direkt an Ort und Stelle repariert. Die Expertenmeinungen gehen auseinander. Die einen meinen, dass Fluorid nur lokal, also über die Zahncreme direkt am Zahn wirkt, und die anderen sind von einer systemischen Fluorideinnahme überzeugt. Dies birgt nur die Gefahr der **Überdosierung**, was sich an den Zähnen als weiße Flecken bemerkbar macht und unter Umständen den Knochen verhärtet. Unumstritten ist, dass Karies keine Fluoridmangelkrankheit, sondern vor allem die Folge falscher Ernährung und mangelhafter Mundpflege ist. Ein hoher Ballaststoffanteil in der Nahrung, sodass die Kinder viel kauen müssen, sorgt für eine gute Versorgung des Zahnes und ein gesundes Mundmilieu.

Fruchtsaft

Bei der Herstellung von Fruchtsäften werden Zellwände, Schalen, Kerne und meistens auch das Fruchtfleisch abgetrennt. Durch diesen Vorgang werden sehr gesunde Inhaltsstoffe wie Ballast-, Farb- und Aromastoffe teilweise entfernt. Anschließend pasteurisiert man die Säfte, um sie haltbar zu machen. Saft ist aber nicht gleich Saft!

Fruchtsaft: 100 Prozent Fruchtanteil, vitaminreich, ohne Zusatzstoffe, ungesüßt (bei zu geringer Eigensüße der Frucht aufgrund von Sonnenmangel sind 15 g Zucker pro Liter erlaubt, müssen aber deklariert werden).

Fruchtsaftgetränke: 6 bis 30 Prozent Fruchtanteil, Zucker bis zu 100 g pro Liter, Säuerungsmittel, Vitamin C, Farbstoffe, Konservierungsstoffe, Aromen sind erlaubt.

Fruchtnektar: 25 bis 50 Prozent Fruchtanteil, Zuckerzusatz bis zu 200 g pro Liter, Säuerungsmittel, Vitamin C ist erlaubt.

Am besten für Kinder sind Fruchtsaftschorlen aus einem Teil Saft und drei Teilen Wasser. Pur sollten sie den Saft nicht trinken, da er viel fruchteigenen Zucker enthält und Fruchtsäuren, die die Zähne angreifen können. Zudem steckt in Säften viel Energie. Wer am Tag einen Liter Apfelsaft trinkt, nimmt damit genauso viel Energie auf wie bei dem Verzehr einer Tafel Schokolade.

G

Geschmacksverstärker

Für die Herstellung von Fertigprodukten verwendet die Lebensmittelindustrie oft Zutaten mit wenig Geschmack, beispielsweise unreife Tomaten oder wasserreiches Fleisch. Hinzugefügte Geschmacksverstärker wie z. B. E621 (Natriumglutamat) können den Geschmack von aromawirksamen Stoffen (Zucker, Salz) intensivieren, indem sie die Geschmacksrezeptoren im Mund anregen.

Wird ein Kind von klein an an solche **Fertigprodukte** mit intensivem Geschmack gewöhnt, ist ihm eine hausgemachte Brühe oder ein Naturjoghurt mit frischen Früchten zu fad. Besorgen Sie daher, wenn möglich, lieber frische Biolebensmittel, da sie von Natur aus einen intensiveren Geschmack bieten. Denn Natriumglutamat E621 und die verwandten Salze bis E625 können bei Kindern Übelkeit, Erbrechen und Kopfschmerzen auslösen.

Gummibärchen
Obwohl Gummibärchen nun mit dem Zusatz »fettfrei« auf dem Etikett beworben werden, können sie zu Übergewicht führen. Mit 49 Zuckerwürfeln pro 200 g sind sie Süßigkeiten und sollten nur ab und zu und in kleinen Mengen Kindern angeboten werden. Seit der BSE-Krise werden Gummibärchen aus Schweinegelatine hergestellt. Für den fruchtigen Geschmack und die Farben sorgen **Aroma- und Farbstoffe** (Allergiegefahr!). Biogummibärchen aus Fruchtsaft enthalten pflanzliche Dickungsmittel wie z. B. Agar-Agar oder Gummiarabicum. Ob Sie Ihrem Kind »bio« oder »konventionelle« Gummibärchen anbieten – anschließendes Zähneputzen nicht vergessen.

H

Honig
Sicherlich liefert ein guter Honig Mineralstoffe, Enzyme, Säuren, Vitamine und Geschmacksstoffe, dies sollte aber nicht der Grund für den Verzehr sein. Denn die vielen ihm zugeschriebenen Wirkungen sind bislang nicht erwiesen. Sicher ist nur, dass er genauso zahnschädigend ist wie Zucker! Honig enthält 80 Prozent Zucker und zählt zu den Süßigkeiten. Da Honig, je nach Sorte, einen starken Eigengeschmack hat, wird er geringer dosiert als Zucker.

Für Säuglinge und Kleinkinder bis 12 Monate kann Honig gefährlich sein, da sich im Honig Keime des Bakteriums **Clostridium botulinum** befinden können. Diese Bakterien können im kindlichen Darm ein hochwirksames Gift bilden. In deutschen Babykostprodukten ist der Honig erhitzt und so der Erreger inaktiviert. In ausländischen Babykostprodukten hat man den Erreger aber vereinzelt gefunden.

Hülsenfrüchte
Jedes Böhnchen gibt ein Tönchen – ein Grund, weswegen viele um Bohnen, Kichererbsen und Linsen einen Bogen machen. Doch werden sie richtig gegart, können Sie diese Mär vergessen. Abgesehen von kleinen Linsen sollten Hülsenfrüchte gut eingeweicht und gekocht werden und anschließend noch einmal ausquellen – genauso lang wie die Kochzeit. Kochen Sie sie mit Kräutern wie **Fenchel, Kümmel, Basilikum oder Thymian,** verursachen sie selten Beschwerden.

Hochwertiges Eiweiß, B-Vitamine, Ballaststoffe und das für die Gehirnentwicklung von Kindern wichtige Eisen steckt in jeder einzelnen Hülsenfrucht. Auch Erdnüsse und Sojabohnen gehören zu den Hülsenfrüchten, enthalten aber besonders viel Fett. Sie können Hülsenfrüchte prima auskeimen lassen und schon kleine Kinder haben großen Spaß daran. Die Keimlinge schmecken gut in Suppen und Salaten.

I

Instanttee
Die Industrie bietet schon für das erste Lebensjahr Instanttees an. Der Hauptbestandteil dieses Trockenprodukts ist Zucker – als Traubenzucker oder als Zuckeraustauschstoff Maltodextrin. Der als **zuckerfrei** deklarierte Instanttee wird teilweise auf Eiweißbasis hergestellt – nicht unproblematisch, denn der Tee kann allergieauslösend sein.

Später wird dann der Zitronentee zu einem beliebten Getränk. Dieses aromatisierte Zitronenwasser, versetzt mit Zitronensäure (E330) oder mit Vitamin C, hat mit Tee nicht mehr viel gemein. In einem Versuch mit Rindern konnten Ernährungswissenschaftler zeigen, dass das ständige Umspülen der Zähne mit zitronensäurehaltigen Getränken die Härte des Zahnschmelzes um die Hälfte mindert. Zahnärzte beobachten immer mehr sogenannte Erosionsschäden an kindlichen Zähnen, Verlust des Zahnschmelzes und daraufhin mehr Karies. Wählen Sie anstattdessen lieber zuckerfreie Tee-Alternativen.

J

Jod
Jod ist ein essenzieller Nährstoff, den unser Körper für die Bildung des Schilddrüsenhormons Thyroxin benötigt. Thyroxin regelt im kindlichen Organismus die Körpertemperatur, den Wasserhaushalt, das Wachstum, die körperliche Entwicklung und sorgt für das Funktionieren des Zentralnervensystems. Entsteht ein Mangel bei der Jodversorgung eines Kindes, so kann sich die Schilddrüse vergrößern – dies kann sich darin äußern, dass Kinder nicht mehr gut lernen. Der Säugling ist über Muttermilch, Säuglingsnahrung und spezielle angereicherte Beikostproduk-

te mit Jod gut versorgt, fallen diese Lebensmittel aber mit dem ersten Geburtstag weg, ist die Versorgung oft nicht mehr gesichert. 100 bis 120 Mikrogramm Jod sollten Kinder zwischen dem ersten und siebten Lebensjahr täglich aufnehmen. Mit 50 bis 100 g Hochseefisch (Seelachs, Kabeljau, Hering, Sprotte, Makrele) pro Woche ist die Jodzufuhr gesichert (Seite 104). Hinzu kommt ja auch eine geringe Jodaufnahme ab dem ersten Lebensjahr über Brot, Wurst, Käse, die **Jodsalz** enthalten.

Joghurt

Naturjoghurt, ein Sauermilchprodukt, liefert dem Körper eine Vielzahl von Nährstoffen, hochwertiges Eiweiß, Kalzium, Vitamin A und die für den Aufbau der Darmflora wichtigen Milchsäurebakterien. Joghurt ist bei Kindern sehr beliebt und er ist für sie auch besonders geeignet, da Sauermilchprodukte leicht verdaulich sind. Bakterien haben den Milchzucker bereits in kleine verträgliche Teile zersetzt, nämlich in Milchsäure. Im Handel gibt es den Joghurt mit verschiedenen Fettgehaltsstufen, aus Sahne (10%) aus Vollmilch (3,5%), aus fettarmer Milch (1,5%) und aus Magermilch (0,3%). Je nach Bakterienkultur ist er rechtsdrehend (L+) oder linksdrehend (D−) (das bezeichnet unterschiedliche Molekülstrukturen in der Milchsäure, die Licht in die jeweilige Richtung drehen). Ein Joghurt, der vorwiegend rechtsdrehende L+-Milchsäure enthält, hat auf dem Etikett den Zusatz »mit L+-Milchsäure geimpft« oder »mit **Bifidus**«.

Rechtsdrehende L+-Milchsäure wird schnell und problemlos vom Körper abgebaut, wohingegen die linksdrehende D−-Milchsäure länger im Blut verweilt, weil für die Verwertung bestimmte Enzyme ungenügend vorhanden sind. Da bei Kleinkindern die Aktivität dieser Enzyme noch geringer ist, empfiehlt sich ein Joghurt mit vorwiegend rechtsdrehender Milchsäure. Spezielle probiotische Joghurts enthalten Bakterienstämme, die in großer Anzahl die Magen-Darm-Schranke unbeschadet passieren können. Diese heften sich dann an die Darmwand an und blockieren so den Platz für Krankheitserreger. Präbiotischen Joghurts wird z. B. Oligofructose (Ballaststoff) zugesetzt, damit sich die guten Bakterien von ihr ernähren und sich so vermehren.

Spezielle Kinderjoghurts, mit einem möglichen Zuckergehalt von bis zu 18 Prozent und einem Fettgehalt von bis zu 8 Prozent, brauchen Kinder nicht. Kinderjoghurts sind generell zu fett und zu süß: Der Fruchtgehalt ist so gering, dass der Geschmack über Zucker und spezielle Aromen erzeugt wird. Teilweise kosten die bunten Kinderjoghurts doppelt so viel wie das entsprechende Produkt für Erwachsene. Gewöhnen Sie Ihr Kind gleich von Anfang an an Naturjoghurt, den Sie ohne Bedenken mit frischen pürierten Früchten Ihrer Wahl oder auch mal mit einem Klecks Fruchtaufstrich verfeinern können.

◀ Joghurt mit Früchten schmeckt nicht nur lecker, sondern enthält auch viele Nährstoffe und Vitamine.

K

Karies

Karies entsteht durch bakteriellen Zahnbelag, sogenannte Plaque. Diese Mikroorganismen, wie Streptokokken und Candida, verwerten Kohlenhydrate (Kristallzucker, Traubenzucker, Fruchtzucker, Milchzucker oder Malzzucker) als Nahrung und bilden aus ihnen kurzkettige Fettsäuren, wie z.B. Essig- oder Milchsäure. Diese Säuren greifen den Zahnschmelz an. Im Mund ist das als kreidig-weißer Fleck zu erkennen, welcher bei richtiger Zahnpflege wieder ausheilen kann. Geschieht dies nicht, entsteht ein Loch.

Aber auch die Beschaffenheit der Zahnoberfläche, die Zahnstellung und besonders das Zahnmilieu spielen für die Kariesentstehung eine Rolle. Wird viel Speichel produziert, können die ätzenden Säuren weitgehend abgepuffert werden, da Speichel reich an günstigen Bakterien, Eiweißen und Abwehrstoffen ist. Die im Speichel enthaltenen mineralischen Salze Kalium und Phosphat können den Schmelz reparieren. Aus diesem Zusammenhang leiten sich zwei grundlegende Empfehlungen zur Kariesprophylaxe ab:

- **Ballaststoffe** fördern die natürliche Speichelproduktion am Tag – Vollkornprodukte, Obst und Gemüse liefern reichlich davon.
- Die **abendliche Zahnreinigung** ist extrem wichtig, da in der Nacht die natürliche Speichelbildung gering ist und so die Säuren besonders aggressiv sind.

Übrigens: Karies entsteht besonders schnell, wenn Kinder klebrige Süßigkeiten essen – beispielsweise Karamelbonbons, Kaubonbons, aber auch uneingeweichtes Trockenobst oder Honig.

Ketchup

Ketchup gehört bei vielen Kindern, aber auch Erwachsenen einfach dazu. Ketchup macht farbloses Essen attraktiver, intensiviert den Geschmack und macht Trockenes »rutschiger«. Für viele Kinder gehört Ketchup zu Würstchen oder auch Gemüse einfach dazu – der süße Geschmack und die intensive Farbe gefällt den meisten. Doch mit einem Tomatenanteil von 7 Prozent in der Trockenmasse und einem **Zuckergehalt**, der fast so hoch ist wie bei Eiscreme, ist die fertige Tomatensauce aus der Flasche nur bedingt empfehlenswert.

In letzter Zeit ist der sekundäre Pflanzenstoff Lycopin, der als Schutzfaktor vor Herzinfarkt und Krebserkrankungen wirken soll, viel diskutiert worden, da sich herausgestellt hat, dass Lycopin besonders gut in erhitzter Form wirksam ist. Bei dem geringen Tomatenanteil im Ketchup ist es fraglich, ob genügend Lycopin aufgenommen wird. Frisch gekochte Tomatensauce (Seite 126), selbst gemachtes Ketchup (Seite 129), Tomatensaft oder Tomatenmark sind sicherlich die bessere Alternative, um dem Organismus den Schutzfaktor Lycopin zuzuführen.

L

Limonade

Limonaden schmecken im Sommer eisgekühlt Groß und Klein. Sie werden aus Wasser, Zitronensäure, Aroma, Farbstoffen, Verdickungsmitteln, Antioxidanzien und mindestens 7 Prozent Zucker hergestellt. Aus der Dose oder Flasche sind sie überall für jeden verfügbar. Die Kennzeichnung Orangenlimonade verspricht viel, aber laut Fruchtsaftverordnung müssen nur **3 Prozent Orange** enthalten sein. Limonaden fördern Karies und machen dick. Das entsprechende Light-Produkt enthält zwar wesentlich weniger Energie, da Süßstoff den Zucker ersetzt, aber Süßstoff täuscht der Bauchspeicheldrüse Süße vor, diese schüttet daraufhin Insulin aus und somit wird der Appetit besonders angeregt. Wenn Limonaden Koffein enthalten, werden sie als Energiedrinks vermarktet. Koffein, auch in kleinen Mengen, verursacht bei Kindern Angstgefühle, Reizbarkeit und Konzentrationsstörungen. Koffein behindert auch den Einbau von Kalzium in den Knochen.

M

Margarine

Margarine ist ein hochverarbeitetes industrielles Streichfett: ein Gemisch aus pflanzlichen Ölen, Palmkern- oder Kokosfett, Emulgatoren, Stärkesirup, Aromen und Farbstoffen, Konservierungsstoffen und den fettlöslichen Vitaminen A, D und E. Inwieweit Margarine Milcheiweiß, Milchfett oder

Milchzucker enthält, muss in der Zutatenliste stehen. Der Zusatz **»ungehärtet«** bedeutet, dass der Anteil Transfettsäuren stark reduziert oder keine Transfettsäuren enthalten sind. **Transfettsäuren** können Allergien und Asthma auslösen und schaden Herz- und Blutgefäßen.

Der Anteil mehrfach ungesättigter Fettsäuren variiert sehr stark, Diätmargarine mit einem Anteil von 50 Prozent ungesättigten Fettsäuren steht an der Spitze, Delikatessmargarine mit ca. 30 Prozent und einfach nur Margarine mit 6 bis 25 Prozent enthalten dann schon deutlich weniger mehrfach ungesättigte Fettsäuren. Halbfettmargarine enthält nur 40 Prozent Fett, dafür deutlich mehr Emulgatoren, um genügend Wasser zu binden. Auch für übergewichtige Kinder ist Halbfettmargarine keine Alternative, da Kinder den sparsamen Umgang mit Streichfett auf diese Weise nicht lernen.

Da seit vielen Jahren die Butter nicht mehr die kostspielige Alternative zu Margarine ist, entscheidet sicherlich einzig und allein der Geschmack dafür oder dagegen. In der Vollwerternährung wird die Butter empfohlen, weil sie naturbelassen und unverarbeitet ist.

Müsli

Müsli ist nicht gleich Müsli! Auch hier hat die Industrie eine Marktlücke entdeckt und stellt Müslis in die Regale, die mit einem Frühstück nichts mehr zu tun haben. Schokostückchen, Krokant, Flakes, Erdbeerjoghurtschokolade, versetzt mit Aromen, Farbstoffen, Fett und Zucker, gehören mittlerweile dazu in der großen und bunten Müsliwelt. Doch mit einem Zuckergehalt von über 30 Prozent gehört eine industrielle Müslimischung schlichtweg zu den Süßigkeiten.

▲ Ein gesundes Müsli ist für die ganze Familie der perfekte Start in den Tag.

Das heißt: Achten Sie beim Einkauf von Müsli darauf, dass die Mischung nur aus **Getreide, Nüssen, Samen und Trockenfrüchten** besteht, oder probieren Sie einfach mal eine eigene Müslikreation aus. Dies kommt besonders in größeren Familien, mit unterschiedlichen Vorlieben, gut an (Seite 76).

N

Nährstoffdichte

Die Nährstoffdichte eines Lebensmittels bezeichnet den Gehalt an essenziellen, das heißt lebens- und zufuhrnötigen Nährstoffen in Bezug auf seinen Energiegehalt. Eine hohe Nährstoffdichte haben Lebensmittel, die wenig Energie und gleichzeitig viele lebenswichtige Nährstoffe besitzen, z. B. Gemüse, Obst oder fettarme Milchprodukte.

Nitrat

Nitrat ist eine natürlich vorkommende Stickstoffverbindung, wie sie von Pflanzen aus dem Boden aufgenommen wird. In der konventionellen Landwirtschaft werden nitratreiche chemische Düngemittel eingesetzt, um den Ertrag zu steigern, diese sind aber in der ökologischen Landwirtschaft verboten. Biobauern hingegen dürfen ausschließlich organischen Dünger wie z. B. Kompost verwenden.

Nitrat befindet sich aber auch im Trinkwasser und als Zusatzstoff in Käse und Wurst. Nitrat selbst ist nicht schädlich. Es ist wasserlöslich und wird vom Körper wieder ausgeschieden. Probleme machen allerdings die Abbauprodukte des Nitrats: **Nitrit** und **Nitrosamin**. Nitrit entsteht unter anderem in Mund und Magen, wenn die Salzsäure, wie bei einem Säugling in den ersten sechs Lebensmonaten, vermindert ist. Beim Säugling kann Nitrit den Sauerstofftransport im Blut behindern und schlimmstenfalls zu Blausucht führen. Ab dem zweiten Lebenshalbjahr verfügt der Säugling jedoch über ausreichend Salzsäure in seinem Magen und über Mechanismen, die den blockierten Sauerstofftransport wieder funktionstüchtig machen. Ein weiteres Problem von Nitrat ist, dass sein Abbauprodukt Nitrit extrem reaktionsfreudig ist und zusammen mit sekundären Aminen (Eiweißen) die **krebserregenden Nitrosamine** bildet.

Nitratgehalt in Gemüse

geringer Gehalt	hoher Gehalt
Erbsen	Rote Bete
Grüne Bohnen	Fenchel
Karotten	Kopfsalat
Gurken	Rucola
Tomate	Feldsalat
Paprika	Kohlrabi
Blumenkohl	Radieschen
Brokkoli	Wirsing
Mais	Chinakohl
Kartoffeln	Mangold
Lauch	Spinat

Tipps zur Reduzierung von Nitrosaminen

- Nitratarme Gemüsesorten verwenden bzw. eine ausgewogene Mischung anbieten.
- Gemüse aus kontrolliert biologischem Anbau enthält weniger Nitrat als konventionelles Gemüse.
- Freilandgemüse enthält weniger Nitrat als Gemüse aus dem Treibhaus, also besser saisonal einkaufen.
- Nitratreiche Pflanzenteile wie dicke Blattrippen, Strunkansätze und äußere Blätter von Wirsing, Kohl und Mangold entfernen.
- Salatsaucen mit frischem Zitronensaft und kaltgepresstem Sonnenblumen- oder Weizenkeimöl herstellen, da Vitamin C und E die Nitrosaminbildung hemmt.
- Gemüsereste oder wenn auf Vorrat gekocht wird, sofort nach dem Kochen herunterkühlen und im Kühlschrank bzw. Tiefkühler aufbewahren.
- Beim Aufwärmen des Gemüses sollte dieses zügig auf Kochtemperatur gebracht werden, da die Bakterien sich bei etwa 40 Grad am wohlsten fühlen und Nitrat in schädliches Nitrit umwandeln.
- In Käse und Wurst aus artgerechter Tierhaltung sind die Zusatzstoffe Natrium und Kaliumnitrat (E251 und E252) nicht erlaubt. Auch Nitritpökelsalz ist hier verboten.
- Beim Überbacken von Gerichten bevorzugt Hartkäse, Emmentaler oder Bergkäse verwenden, diese sind auch im konventionellen Bereich ohne Nitrate.

O

Öl

Maiskeim-, Oliven-, Raps-, Soja-, Sonnenblumen- oder Weizenkeimöl gehören zu einer ausgewogenen Kinderernährung. Die Öle versorgen den kindlichen Organismus mit mehrfach ungesättigten Fettsäuren, wie Linol- und Linolensäure – wichtig für die Entwicklung des Gehirns und der Augen. Auch fettlösliche Vitamine sind in Planzenölen enthalten. Der Gehalt an ungesättigten Fettsäuren ist in heißgepressten raffinierten Ölen ebenso hoch wie in kaltgepressten nativen Ölen. Allerdings werden durch das Erhitzungs- und Reinigungsverfahren fettlösliche Vitamine reduziert und besonders der Geschmack leidet, wenn die Öle entsäuert, gebleicht und erhitzt werden. Doch der Gehalt an Rückständen von Schwermetallen und Pflanzenschutzmitteln ist in raffinierten Ölen geringer. Wenn Sie ein natives kaltgepresstes Bio-Öl kaufen, sind Sie dennoch auf der sicheren Seite. Das **Rapsöl** hat sich in den letzten Jahren auf Grund seiner günstigen Fettsäurenzusammensetzung und des nussigen Geschmacks einen berechtigten Platz erobert.

Optimix

… oder **sinnvoll zusammengestellt** heißt das Ernährungsprogramm des Forschungsinstituts für Kinderernährung in Dortmund. Die Grundlage für diese optimierte Mischkost ist eine möglichst naturbelassene Ernährungsform, abgestimmt auf die Bedürfnisse von Kindern:

- Obst, Gemüse, Kartoffeln, Nudeln, Reis, Flocken, Brot, Milch und Milchprodukte sowie wenig Fleisch, Fisch, Wurst, Eier, Fett und Süßes.
- Über den Tag verteilt und während der Mahlzeiten ausreichend Flüssigkeit in Form von Wasser, ungesüßtem Tee und Saftschorlen (1 : 3). Infos sind abrufbar unter www.fke-do.de.

Optimix enthält alle Nährstoffe, die ein Kind für sein Wachstum und seine geistige Entwicklung benötigt, und schützt vor den sogenannten Zivilisationskrankheiten im Erwachsenenalter (Bluthochdruck, Übergewicht, Diabetes, Karies, Herz-Kreislauf-Erkrankungen, Osteoporose).

◀ Zu einer optimierten Mischkost gehört vor allem viel frisches Obst und Gemüse.

P

Pasteurisation

Wenn Lebensmittel einige wenige Minuten auf **70 bis 85 Grad** erhitzt werden, sagt man dazu Pasteurisation. Unerwünschte Keime werden abgetötet und Vitamine bleiben relativ gut erhalten: Vitamin C in Obst und Gemüse und auch die B-Vitamine in der Milch werden in geringem Maße reduziert. Da Mineralstoffe hitzeunempfindlich sind, verändert sich ihr Gehalt in den entsprechenden Lebensmitteln durch das Pasteurisieren nicht.

Der Geschmack kann durchaus leiden, was bei Säften deutlich zu spüren ist, bei Milch und Milchprodukten hingegen weniger. Wenn die Milch die Bezeichnung »hoch erhitzt« bzw. »längerfrische Milch« trägt, dann ist sie 1 bis 2 Sekunden auf 125 Grad erhitzt und sofort wieder abgekühlt worden. Die geschmacklichen Einbußen sind relativ gering und die Haltbarkeit liegt für ungeöffnete Milchpackungen bei bis zu drei Wochen. Sogenannte H-Milch wird hingegen einem Ultrahocherhitzungsverfahren unterzogen: Die Milch wird mehrere Sekunden auf über 120 Grad erhitzt. Die Haltbarkeitsdauer liegt dann bei der ungeöffneten und ungekühlten Milch bei über vier Monaten. Die Verluste an Vitaminen sind mit rund 20 Prozent relativ hoch und der unangenehme Kochgeschmack führt bei vielen Kindern zur Ablehnung der H-Milch. Der Kalzium-Gehalt ändert sich aber nicht durch die Erhitzung.

Pestizide

Damit Obst, Gemüse und Getreide ertragreich wachsen, setzen Bauern im konventionellen Anbau Pestizide, also Pflanzenschutzmittel, ein. Sie schützen die Pflanze vor Schädlingen. Insektizide schützen vor Insekten, Fungizide vor Pilzerkrankungen und Herbizide schränken das Wachstum von Unkraut ein. Was die Pflanze aber besser wachsen lässt, ist für den Menschen jedoch kritisch zu betrachten. Die Hälfte der in Deutschland verkauften pflanzlichen Lebensmittel enthält Rückstände von Pestiziden, und etwa 10 Prozent überschreiten sogar die gesetzlich festgelegten Höchstmengen.

Je nach Substanz können sie krebserregend wirken, das Hormonsystem beeinträchtigen, Nerven schädigen, auf die Fortpflanzungsorgane Einfluss nehmen und bei Kindern, die besonders sensibel auf Pestizide reagieren, sogar Verhaltensauffälligkeiten hervorrufen.

Da Obst, Gemüse und Getreide aus kontrolliert biologischem Anbau praktisch frei von Pestiziden sind, sollten Sie nach Möglichkeit diese Produkte einsetzen. Saisonal und regional eingekauft, lässt sich das Biogemüse auch bezahlen. **Bio-Getreide**, -Flocken, -Reis und -Müsli sind nur 15 Prozent teurer als das entsprechende Produkt aus dem Supermarkt.

Die Aufnahme von Pestiziden erfolgt aber nicht nur über den Verzehr von pflanzlichen Lebensmitteln aus konventionellem Anbau. Auch wenn Tiere mit diesem Getreide gefüttert werden, nehmen wir Pflanzenschutzmittel über Milch und Milchprodukte, Fleisch und Wurst auf. Tiere speichern sie, wie wir Menschen auch, im Fett, das heißt: je fettarmer das Produkt ist, desto weniger belastet ist es mit Pflanzenschutzmitteln!

Q

Quark

Quark wird hergestellt aus pasteurisierter Magermilch, die mit Milchsäurebakterien versetzt wird. Im Handel gibt es Magerquark mit weniger als 10% Fett in der Trockenmasse, Speisequark (20% Fett i. Tr.) und Sahnequark (40% Fett i. Tr.). Mit 10 g Eiweiß pro 100 g enthält Magerquark viel Protein und zählt zu den eiweißreichen Milchprodukten. Vergleichsweise wenig Eiweiß steckt in Joghurt und Milch: nur 3,5 g Eiweiß pro 100 g. Der Kalziumgehalt ist jedoch auch geringer und je höher der Fettgehalt, umso geringer ist der Eiweiß- und Kalziumgehalt.

Bei Quarkzubereitungen bietet die Lebensmittelindustrie viele bunte Becher an, die mit einem durchschnittlichen Zuckergehalt von 15 und einem Fettgehalt von 6 Prozent nicht allzu häufig im Einkaufswagen landen sollten. Hinzu kommen Aromen, Farbstoffe und künstliche Vitamine, deren Wirkungen im Organismus bisher noch unklar sind.

R

Rachitis

Vitamin D, ein fettlösliches Vitamin, dient als Vorstufe für Hormone, die den Kalziumhaushalt regulieren. Es fördert zum einen die Kalziumaufnahme und zum anderen die gleichzeitige Einlagerung des Kalziums in das Knochengerüst. Parallel dazu stimuliert Vitamin D die Phosphataufnahme aus dem Magen-Darm-Trakt in das Blut und reguliert so das Verhältnis zwischen Phosphat und Kalzium im Blut. Vitamin D ist das einzige Vitamin, das der Körper selbst herstellen kann: Er bildet es, wenn Sonne (UV-Licht) auf die Haut scheint.

Bei **Vitamin-D-Mangel** lagern die Knochen zu wenig Mineralstoffe ein, sie werden weich und verformen sich. Diese Knochendeformation nennt man Rachitis. Kinder, die an Rachitis leiden, lernen nicht richtig laufen und haben Mühe, sich auf den Beinen zu halten. Fetter Fisch, Eigelb, Margarine und Champignons sind Vitamin-D-Quellen, ansonsten sollten Kinder täglich an der frischen Luft spielen.

Im ersten Lebensjahr nehmen Kinder über die Muttermilch nicht genügend Vitamin D auf, sodass für sie an dunklen Wintertagen 400 bis 500 internationale Einheiten empfehlenswert sind. Ab dem zweiten Lebensjahr ist das nicht mehr nötig: Die Kleinkinder essen ja auch immer mehr Lebensmittel, die Vitamin D enthalten, und halten sich im Freien auf.

S

Salz

Ohne Salz geht gar nichts ... das stimmt, denn eine gewisse Menge Salz ist für den Körper lebensnotwendig, da Salz in allen Körperflüssigkeiten enthalten und an zahlreichen Stoffwechselvorgängen beteiligt ist. Es gibt Speise- und Meersalz. Letzteres entsteht durch Sonnenwärme und Verdunstung von Meerwasser in Salinen, Speisesalz ist eigentlich Steinsalz aus dem Bergbau.

Kräutersalz besteht zu 40 Prozent aus Salz (Natriumchlorid), der Rest setzt sich zusammen aus verschiedenen Kräutern, Gewürzen und Gewürzzubereitungen. Achtung, verwenden Sie am besten nur Kräutersalz ohne den Geschmacksverstärker Glutamat!

Ein Großteil der Gläschenkost wird gesalzen angeboten, so gewöhnen sich viele Kinder leider von klein auf an den intensiven Geschmack. Und Pommes frites, Ketchup und Wurst mit einem sehr hohen Salzgehalt werden dann später als ganz normal empfunden. Überschüssiges Salz scheidet der Körper zwar aus, dies führt aber gleichzeitig zu einem unerwünschten Verlust an Kalzium, dem Mineralstoff, der für das Wachstum erforderlich ist.

Im ersten Lebensjahr sollte man ganz auf Salz verzichten, um dann das Kind lieber mit Lebensmitteln mit hohem Eigengeschmack zu verwöhnen, z. B. mit Bio-Gemüse und aromatischen Kräutern.

Sekundäre Pflanzenstoffe

Sekundäre Pflanzenstoffe bilden Pflanzen nach den primären Stoffen (Eiweiß, Fett, Kohlenhydrate), sie verleihen ihnen den so typischen Duft, Geschmack und ihre Farbe. Sie sind in extrem kleinen Mengen in Obst, Gemüse, Getreide, Hülsenfrüchten, Nüssen und Samen enthalten. Sekundäre Pflanzenstoffe sind für den Körper nicht lebensnotwendig, können aber den Organismus vor freien Radikalen schützen. Diese kommen in der Luft vor, werden aber auch selbst vom Körper produziert. Freie Radikale können Körperzellen im Organismus zerstören, je nachdem, in welcher Konzentration sie auftauchen. **Krebs, Herzinfarkt und Arterienverkalkung** werden in diesem Zusammenhang eng diskutiert. In der Kinderernährung sind sekundäre Pflanzenstoffe von Bedeutung – sie stärken das Immunsystem, da sie gegen Keime wirken.

Doch Obacht: Sekundäre Pflanzenstoffe mögen keine Hitze! Glucosinolate, in Blumenkohl, Weißkohl und Kohlrabi enthalten, gehen nach zehnminütigem Kochen zu 50 Prozent ins Wasser über. Die Karotinoide aus Karotten und Roter Bete sind relativ unempfindlich gegen Hitzeeinwirkung, wohingegen sie im Spinat und Grünkohl beim Kochen vollständig zerstört werden. Wird schonend gegart, gedünstet oder gedämpft und die Garflüssigkeit mit verwendet, bleibt ein Großteil der sekundären Pflanzenstoffe erhalten. Fünf Portionen Gemüse oder Obst am Tag versorgen Ihr Kind mit ausreichend sekundären Pflanzenstoffen.

T

Tiefkühlkost

Tiefkühlkost kommt zwar ohne Konservierungsstoffe aus, aber wenn es sich nicht gerade um reines Gemüse (ohne Butter, Sauce etc.) bzw. Obst handelt, tummeln sich in ihm jede Menge Aromastoffe, Geschmacksverstärker, Verdickungsmittel und Stabilisatoren. Sahne, Mehl und Fett liefern viel Energie: Dies gilt für Tiefkühlfertigprodukte wie Pizza, Pommes frites oder Schlemmerfilets. Und der standardisierte Geschmack dieser Fertigprodukte lässt Kindern keine Möglichkeit, sich einen eigenen Geschmack zu bilden. Auch dem Koch bzw. der Köchin wird jegliche Kreativität genommen. Doch handelt es sich um Gemüse oder Obst pur, also z. B. Erbsen, Bohnen, Spinat oder Himbeeren, ist aus der Sicht der Nährstofferhaltung das Tiefkühlen die **schonendste Art** der Konservierung – obwohl sich bei der industriellen Verarbeitung, also beim Waschen, Putzen, Zerkleinern und Blanchieren, der Gehalt an Vitamin C und der B-Vitamine, besonders Folsäure, verringert.

Vergleicht man Tiefkühlgemüse mit Gemüse, das im Supermarkt und zu Hause mehrere Tage ungekühlt aufbewahrt und in viel Wasser – das anschließend weggegossen wird – weich gekocht wird, gewinnt das tiefgekühlte Gemüse eindeutig, was den Gehalt an Vitaminen und Mineralstoffen angeht.

Wenn Sie aber die Möglichkeit haben, vielleicht zumindest zweimal in der Woche Gemüse frisch einzukaufen und dann schonend zu garen, dann tun Sie es. Tiefgekühltes frisst Energie – aus ökologischer Sicht ungünstig.

Tofu

Tofu ist ein wertvoller Eiweißlieferant auf pflanzlicher Basis. Wer auf Fleisch verzichten möchte, kann mit Tofu Abwechslung in die Küche bringen. Eine ausdrückliche Empfehlung für Tofu, auch bei vegetarisch ernährten Kindern, gibt es nicht, da Milch, Milchprodukte und Getreide bzw. Hülsenfrüchte genug Eiweiß liefern. Tofu ist im Handel in unterschiedlichsten Geschmacksrichtungen zu erhalten, mit Kräutern, getrockneten Tomaten, Pilzen oder geräuchert. Tofu ist eine Art **Sojaquark:** Sojabohnen werden aufgequollen, dann gemahlen und mit Wasser zu einem Püree gekocht. Man presst das Püree, die festen Bestandteile (Trester) werden entfernt und meist als Viehfutter weiterverwendet. Zur Sojamilch kommt ein Gerinnungsmittel, die dabei anfallende Flüssigkeit (Molke) wird abgeschöpft, in Würfelformen gefüllt und abgekühlt. So erhält man einen zarten und weichen Tofu, auch Seidentofu genannt. Durch anschließendes Pasteurisieren oder durch Verwendung von Sojaisolaten wird die Konsistenz zäh und gummiartig.

TVP

TVP (Textured Vegetable Protein) ist ein industriell hergestellter Fleischersatz aus entfettetem Sojamehl, welches bei der Produktion von Sojaöl anfällt. Dieses Sojamehl wird zu fleischähnlichen Produkten geformt. Im Handel gibt es TVP in unterschiedlicher Größe, z. B. für Bolognesesauce oder in Gulaschform. TVP wird getrocknet angeboten; es muss eingeweicht und gewürzt werden, da es geschmacksneutral ist.

U

Uran

Uran hat nur eine sehr schwache radioaktive Strahlung und ist ungefähr so giftig wie Blei. Nehmen Säuglinge und Kleinkinder zu viel Blei auf, können Leber, Niere und Knochen geschädigt werden. Mineralwasser, das als **geeignet für die Zubereitung von Säuglingsnahrung** gekennzeichnet ist, darf nicht mehr als 2 µg Uran pro Liter Wasser enthalten. Grenzwerte gibt es noch nicht. Das Bundesinstitut für Risikobewertung (BfR) und die Weltgesundheitsorganisation empfehlen für die übrige Bevölkerung einen Höchstwert von 15 µg pro Liter. Auf dem Etikett muss der Urangehalt nicht angegeben werden. Wünschenswert wäre, so die Verbraucherschutzorganisation Foodwatch, wenn alle Mineralwässer, die mehr als 2 µg pro Liter Uran enthalten, einen Warnhinweis trügen.

Untergewicht

Es gibt viele verschiedene Ursachen dafür, dass Kinder zu wenig wiegen. Im Säuglingsalter sind es Schluckbeschwerden, im Kleinkindalter akzeptieren viele Kinder das Essen nicht oder finden vor lauter Spielen keine Zeit dazu. Bei größeren Kindern und Jugendlichen wird dann schon bewusst gehungert, um irgendwelchen dünnen Idolen nachzueifern. Mädchen im Alter ab zehn Jahren identifizieren sich mit ihren Müttern, und wenn diese jede Diät mitmachen und während der Mahlzeiten mit Kalorienzählen beschäftigt sind, besteht manchmal die Gefahr einer Essstörung. Essstörungen sind keine Bagatelle, sondern eine ernst zu nehmende Krankheit. Besteht der Verdacht, sollten sich Eltern unbedingt immer professionelle Hilfe suchen.

Es gibt aber auch Kinder, die von klein auf schon extrem dünn sind und es vorerst auch bleiben. Häufig sind die Eltern auch sehr schlank, umso mehr machen Sie sich Sorgen. Ist Ihr Kind sehr mager, versuchen Sie seinen Appetit über freies Spiel an der frischen Luft und über gemeinsame Mahlzeiten anzuregen. Doch die fehlenden Kilos sollten auf gar keinen Fall zum Gesprächsthema werden. Besprechen Sie mit Ihrem Arzt oder einer Ernährungsberaterin, ob Ihr Kind mit allen für Wachstum und Entwicklung notwendigen Nährstoffen versorgt ist. Wenn nicht, dann ist ein vorübergehend eingesetztes Nährstoffpräparat durchaus sinnvoll.

V

Vegetarismus

Es gibt unterschiedliche Arten, sich vegetarisch zu ernähren:

- **Vegane Ernährung**: komplett ohne tierische Produkte – das heißt ausschließlich Obst, Gemüse, Getreide, Hülsenfrüchte, Nüsse und Samen.
- In der **lacto-vegetarischen Ernährung** werden Milch und Milchprodukte zu dem ganzen Repertoire der pflanzlichen Lebensmittel hinzugenommen.
- **Ovo-lacto-vegetarische Ernährung** bedeutet, dass nicht nur Milch und Milchprodukte den pflanzlichen Speiseplan bereichern, sondern auch Eier, nur Fisch und Fleisch nicht mit auf dem Speiseplan stehen.

BSE, Schweinepest und Gammelfleisch haben das Vertrauen vieler Eltern in die Fleischwirtschaft nachhaltig getrübt. Der Wunsch, die Familie vegetarisch zu ernähren, liegt dann nahe. Gleichzeitig haben viele Eltern auch Zweifel, ob ein Kind, das sich schließlich noch im Wachstum befindet, ohne bzw. mit wenig tierischen Produkten gut versorgt ist. Die vegane und auch die lacto-vegetarische Ernährung sind sicherlich keine gute Möglichkeit, da die Versorgung mit vielen lebensnotwendigen Nährstoffen nicht gewährleistet ist.

Die ovo-lacto-vegetarische Ernährung hingegen ist bei konsequenter Einhaltung aller Empfehlungen für eine gesunde Mischkost (Optimix) für Kinder durchaus praktikabel. Wenn allerdings diese Ernährungsempfehlungen nicht eingehalten werden können, ist Vorsicht geboten. Viele Pudding-Vegetarier ersetzen Fleisch und Fisch durch Schokolade, Kuchen und Pudding. Gerade der Kinder wegen sollten Eltern jedoch über ein Basiswissen verfügen, denn sonst können z. B. Defizite in der Eisenversorgung auftreten.

Milchfreies Hafer-Orangen-Müsli oder Hirse-Paprika-Auflauf ohne Milch und Käse helfen, die Eisenresorption aus dem pflanzlichen Bereich zu sichern. Auch Roggenvollkornbrot mit Rohkost als Pausenbrot ist eine schnelle und gute Möglichkeit, sein Kind mit wichtigen Nährstoffen zu versorgen.

Vollwerternährung

Vollwerternährung ist eine überwiegend pflanzliche Ernährungsweise, bei der Lebensmittel so wenig wie möglich verarbeitet werden. Die hauptsächlich verwendeten Lebensmittel sind Gemüse und Obst, Vollkornprodukte, Kartoffeln, Hülsenfrüchte, Milch und Milchprodukte, daneben gibt's sehr wenig Fleisch, Fisch und Eier. Reichlich Salat und rohes Gemüse wird empfohlen, etwa die Hälfte der Nahrungsmenge. Im Sinne der Nachhaltigkeit werden auch die Umwelt-, Wirtschafts- und Sozialverträglichkeit des Ernährungssystems berücksichtigt, z. B. stehen Erzeugnisse aus ökologischer Landwirtschaft, regionale und saisonale Produkte auf dem Speiseplan. Sie sollten umweltverträglich verpackt, und, falls sie aus Entwicklungsländern stammen, aus fairem Handel sein.

W

Wasser

Die Wasserwerke kontrollieren das Trinkwasser 24 Stunden am Tag, damit Bakterien, Rückstände von Schadstoffen, Schwermetalle und Nitrat den Genuss nicht trüben. Trinkwasser zählt zu den am besten kontrollierten Lebensmitteln. Es enthält verschiedene Mineralstoffe wie z. B. Kalzium, Natrium, Chlorid und Magnesium, die in gelöster Form vorliegen und somit gut vom Körper aufgenommen werden. Diese Mineralstoffe benötigt der menschliche Körper zum Leben. Wasser verhindert das Austrocknen des Körpers, aktiviert den Energiestoffwechsel, ist für den Nährstofftransport verantwortlich und gewährleistet den Abtransport der Stoffwechselabbauprodukte. Regelmäßig getrunken kann Trinkwasser einem Mineralstoffmangel vorbeugen.

Wenn Trinkwasser zu sauer ist, das heißt, wenn der pH-Wert etwas zu niedrig ist, können Blei und Kupfer aus den Trinkwasserleitungen gelöst werden. Bleirohre gibt es nur noch sehr selten; Kupferrohre sind nur dann bedenklich, wenn sie jünger als drei Jahre sind. In dem Fall sollten Kinder Wasser aus der Wasserleitung nicht trinken. Ob auch in Ihrem Haus Blei- oder Kupferleitungen liegen, erfragen Sie am besten bei Ihrem Vermieter. Der **Nitratgehalt** darf laut Trinkwasserverordnung nicht höher als 50 mg pro Liter sein, so

◀ Vollkornnudeln können wunderbar mit verschiedenen Gemüsesaucen kombiniert werden.

ist es auch für die Zubereitung von industrieller Säuglingsnahrung geeignet. Da die Qualität von Wasser aus privaten Hausbrunnen nicht gesetzlich geregelt ist, wird vor diesem Wasser für die Versorgung von Säuglingen und Kleinkindern gewarnt.

Obwohl das Trinkwasser so gut kontrolliert, sauber und preiswert ist, nutzen nur 4 Prozent aller Kinder diesen idealen Durstlöscher. Da sich viele Kinder zu Beginn der Beikost mit dem Trinken schwertun, ist die Verführung groß, das Wasser mit Saft zu strecken. Ist ein Kind dann an Saftschorlen gewöhnt, fällt es schwer, auf pures Wasser zurückzugehen.

Wurst

Wurst und Wurstwaren sind besonders in Familien beliebt. Einige Eltern versorgen ihre Kinder damit in dem Glauben, ihnen Fleisch anzubieten, besonders dann, wenn das Kind Fleisch am Stück noch nicht so gut kauen kann, die Wurst aber gut rutscht. Die andere Gruppe, oft beim Fleischeinkauf geplagt von den Fleischskandalen, bringt die Wurst mit ihrer Herkunft nicht in Verbindung. Was hat denn das Schwein mit dem Würstchen gemeinsam?

In Würstchen stecken viele Reste, übrig geblieben von Fleischteilen, die als Braten oder Schnitzel teuer verkauft werden können. Etwa 40 Prozent des

Schlachtfleisches lassen sich nicht gut verkaufen und werden deshalb verwurstet. **Brühwürstchen** müssen laut dem deutschen Lebensmittelgesetz nur 7,5 Prozent Muskeleiweiß enthalten, der Rest besteht aus Skelettmuskulatur mit Fettrand, Bindegewebe, Lymphknoten, Nerven und Gefäßen. Seit der BSE-Krise dürfen Teile des Zentralnervengewebes, Knorpel und Knochensplitter nicht mit für die Wurstmasse verarbeitet werden.

Grillwürstchen haben einen höheren Anteil an Muskelfleisch, schneiden aber in puncto Fett mit bis zu 30 Prozent ebenso schlecht ab wie Brühwürstchen. Lediglich Wurst aus Geflügelfleisch ist eine magere Alternative. Die rosarote Farbe von Würstchen und Aufschnitt entsteht durch Nitratpökelsalze, die den Abbau des roten Blutfarbstoffes verhindern und so für gute Haltbarkeit sorgen. Nitrit reagiert im Magen mit Eiweißstoffen zu den krebserregenden Nitrosaminen (Seite 55).

Für Biolebensmittel ist der Einsatz von Nitritpökelsalz verboten, daher sind Würstchen und Aufschnitt eher gräulich, was den Geschmack aber nicht beeinträchtigt. Ist ein Kind von Anfang an das weniger leuchtende Produkt gewohnt, werden Sie mit der Ablehnung dieser farbloseren, aber auch antibiotikafreien Wurst keine Probleme haben. Wurstwaren, die besonders beliebt sind bei Kindern, haben in der Regel auch einen hohen Fettgehalt. 40 g Fett befinden sich in 100 g Salami, Teewurst oder Leberwurst. Eine fettärmere Alternative zur Streichwurst finden Sie auf Seite 116.

Z

Zöliakie

Zöliakie ist eine chronische Erkrankung der Dünndarmschleimhaut. Tritt sie im Erwachsenenalter auf, nennt man sie Sprue. Zöliakie beruht auf einer Unverträglichkeit von Klebereiweiß (Gluten) in Getreide. Zöliakie ist eine lebenslange Krankheit, die nur durch Diät behandelbar ist. Bei Zöliakiekranken kommt es zu einer Zerstörung der **Darmschleimhautzellen** und -zotten, sodass die Nährstoffaufnahme über den Darm nicht mehr gewährleistet ist. Tritt Zöliakie im Säuglingsalter auf, kann die Krankheit lebensbedrohlich werden, da die Kleinen durch nicht zu stoppende Durchfälle viel Flüssigkeit verlieren. Zöliakie wird entweder im Säuglingsalter oder mit vier Jahren manifest. Mädchen/Frauen sind häufiger betroffen als Jungen/Männer.

Kleinkinder haben einen geblähten Bauch, starke Durchfälle und häufiges Erbrechen. Werden sie glutenfrei ernährt, hören auch die Beschwerden auf. Bei größeren Kindern ist die Folge der Zöliakie vor allem ein verzögertes Wachstum, weil sie nicht genug Nährstoffe aufnehmen, und die typischen Symptome fallen meist geringer aus als bei kleineren Kindern. Bei Erwachsenen ist Zöliakie oft auch von den Symptomen Appetitlosigkeit, Müdigkeit und depressiven Verstimmungen begleitet. Einer von 1000 Menschen entwickelt eine Unverträglichkeit gegenüber dem Getreideeiweiß Gluten. In den letzten Jahren ist die Krankheit rückläufig. Dies wird darauf zurückgeführt, dass empfohlen wird, bereits ab dem fünften Monat bei den Säuglingen die Beikost und hiermit auch glutenhaltiges Getreide einzuführen. Hier reichen kleinste Mengen aus, wie zum Beispiel das Lutschen am Brot oder das Hinzufügen einer Nudel zum Gemüse-Kartoffel-Mus.

Glutenhaltige Getreidearten sind:

- Weizen, Roggen, Hafer
- Gerste, Dinkel, Grünkern
- Hartweizen, Kamuth
- Einkorn, Urkorn, Triticale

Glutenfreie Getreidearten sind:

- Mais, Reis, Hirse, Buchweizen
- Quinoa, Amaranth

Nach den neuen Kenzeichnungsvorschriften der EU müssen alle Rohstoffe eines Produkts deklariert werden. Wenn bislang auf dem Etikett »Stärke« stand, muss nun angegeben werden, woher die Stärke stammt, also Mais- oder Weizenstärke. Bei zusammengesetzten Produkten müssen alle Zutaten mit einem Anteil von mehr als 2 Prozent deklariert werden. Weizen, weil er zu den 12 Hauptallergenen zählt, muss in der Zutatenliste angegeben werden. Die Deutsche Zöliakie-Gesellschaft gibt jährlich neu umfangreiche Listen mit geeigneten und ungeeigneten Lebensmitteln heraus (www.dzg-online.de).

Zutatenliste

Lebensmittel und Getränke, die abgepackt gekauft werden, müssen mit einer Zutatenliste versehen sein. Bei unverpackter Ware, z. B. von der Käsetheke, müssen Ihnen die Verkäufer auf

Anfrage die Zutatenliste vorlegen. Bestimmte Zusatzstoffe, wie Farb- und Konservierungsstoffe, Antioxidanzien, Schwefeldioxid, Phosphat und Hinweise, ob ein Lebensmittel gewachst oder geschwärzt ist, müssen deutlich auf Schildern angegeben werden.

Die Zutaten sind nach der Menge aufgelistet. Das, was prozentual am meisten im Lebensmittel enthalten ist, steht an erster Stelle. Die Reihenfolge zeigt, woraus ein Produkt überwiegend besteht. Seit November 2005 gilt, dass Zutaten, die einen Anteil von mehr als 2 Prozent des Lebensmittels ausmachen, deklariert werden müssen. Beispielsweise auch das Geliermittel in der Fruchtzubereitung des Joghurts. Pauschale Angaben wie »Öl« oder »Stärke« sind nicht erlaubt, da besonders für den hohen Anteil der Allergiker die Herkunft der Zutaten von Bedeutung ist. Es heißt nun »Öl (Sonnenblume)« oder »Stärke (Weizen)«.

Der Zusatz **kann Spuren von Milcheiweiß enthalten**, muss dann auf dem Etikett einer bitteren Schokolade stehen, wenn diese auf denselben Maschinen hergestellt wird wie die Milchschokolade. Hat ein Stoff im Endprodukt keine Wirkung mehr, wie z. B. Enzyme, die zum Saftpressen eingesetzt werden, müssen diese bislang nicht aufgeführt werden, ebenso Hilfsstoffe, die gentechnisch aus Schimmelpilzen gewonnen werden.

▶ Auf manchen Zutatenlisten findet man so Allerlei – genaues Hinschauen lohnt sich.

Rezepte

Kinder freuen sich, wenn sie endlich bei den »Großen« am Familientisch mitessen können. Die folgenden Rezepte sind für alle Kinder geeignet – selbst kleine Gemüsemuffel und Schleckermäulchen werden begeistert sein! Alle Gerichte sind in maximal 30 bis 40 Minuten zubereitet – ausgenommen natürlich die Backzeiten.

Küchenpraxis leicht gemacht

Ob Frühstücksmuffel oder Naschkatze, Sie finden auf den folgenden Seiten eine große Auswahl von Gerichten, die Kindern schmecken und guttun. Die Zutaten der Rezepte lassen sich ganz leicht austauschen. So können Sie Brotaufstriche, Suppen oder Aufläufe ganz auf den Geschmack Ihres Kindes abstimmen.

Da Kinder immer eine Weile brauchen, bis sie Neues akzeptieren, und dafür ein Lebensmittel mehrmals probieren müssen, können Sie die Rezepte einfach variieren – so müssen Sie nicht zehnmal genau dasselbe kochen. Die Austauschhinweise finden Sie jeweils unter den Rezepten.

Praktisch, einfach, gut

Auch Eltern mit wenig Zeit haben die Chance, ihre Kinder mit einem frisch gekochten Essen zu verwöhnen. Werfen Sie einen Blick auf den Aufbewahrungs-Tipp – hier sehen Sie, wie lange Sie das Gericht aufbewahren können, ob es sich einfrieren lässt oder ob Sie es gleich in doppelter Menge zubereiten für den nächsten Tag. So haben Sie nur halb so viel Arbeit und können praktisch für den Vortag oder die nächste Woche mitkochen. Die Rezepte sind immer für vier Personen berechnet, wenn Sie also mittags zu zweit sind, reicht es auch noch für den nächsten Tag.

Kochen wie die Profis – mit dem richtigen Werkzeug

Leider ist manch ein Hobbywerkraum besser ausgestattet als die Küche. Dabei gibt es einige wichtige Küchenhelfer, mit denen Sie Zeit und Mühe sparen und gleichzeitig die Lebensmittel besonders schonend behandeln. Diese Utensilien sollten Sie sich gönnen:

- mindestens drei auf die Größe der Herdplatten abgestimmte Töpfe mit gut schließendem Deckel
- Großraumpfanne mit Deckel, eine beschichtete Pfanne
- Sparschäler
- Schneebesen mit fester Spange
- fünf kleine Küchenmesser mit und ohne Spitze
- ein großes Schneidemesser

Garmethoden und was man darunter versteht

Kochen: Garen bei 100 Grad in viel Flüssigkeit mit und ohne Deckel (z. B. Nudeln), beim Kochen gehen Nährstoffe ins Wasser über (Ausnahme: Nudeln und Gemüsesuppen).	☹
Dünsten: Garen bei 95 – 100 Grad »im eigenen Saft« oder in wenig Flüssigkeit bzw. Fett mit gut schließendem Deckel, eventuelles Nachgießen von Flüssigkeit erforderlich, sehr schonende Garmethoden, die geringe Flüssigkeitsmenge kann mit verwendet werden (z. B. Spinat, Fisch).	☺
Dämpfen: Garen bei 100 – 123 Grad im Wasserdampf, Siebeinsatz trennt das Gargut, Gemüse oder Kartoffeln vom Wasser, mit gut schließendem Deckel, sehr schonende Garmethode, Dampfwasser mit verwenden.	☺
Braten in der Pfanne: Garen bei 120 – 180 Grad mit wenig oder ohne Fett, es entstehen Röststoffe, Fett darf nicht überhitzen bzw. rauchen (z. B. Fleisch, Pfannkuchen).	!
Braten im Backofen: Garen bei 150 – 250 Grad mit wenig Fett oder Flüssigkeit oder mit trockener Heißluft, ohne Auslaugverluste, geschmacksintensiv (z. B. Kartoffeln, jedes Gemüse, Fleisch, Fisch).	☺
Backen/Überbacken: Garen bei 150 – 250 Grad und Bräunen durch trockene Heißluft (z. B. Kuchen, Brot, Lasagne).	☺
Grillen: Garen bei 300 Grad durch Hitzestrahlung, austretendes Fett verbrennt schnell (z. B. Gemüse, Fleisch, Fisch).	!
Frittieren: Garen in viel Fett bei 170 – 180 Grad, bei zu hoher Temperatur entstehen Transfettsäuren, Frittiertes ist sehr fetthaltig (z. B. Kartoffeln).	☹

- ein Brotmesser
- zwei große Schneidebretter
- drei kleine Schneidebretter
- Salatschleuder
- Messbecher
- Haushaltswaage
- Pürierstab
- Küchenmaschine mit Gemüseraspel-vorrichtung

Wenn Sie eine neue Küche planen, sollten Sie die Anschaffung eines Dampfgarers als Einbau- oder Standgerät überdenken. Ein praktisches Gerät, das den Kochalltag in einer Familie auf gesündeste Art und Weise enorm erleichtert!

Welche Lebensmittel darf man wo und wie lange aufheben?

Produkt	Wie?	Wo?	Wie lange?
Frische Milch	Originalverpackung	Kühlschrank	5 Tage
Joghurt, Quark, Dickmilch	Originalverpackung	Kühlschrank	10 – 14 Tage
Butter	Originalverpackung oder Butterdose	Kühlschrank	14 Tage
Käse	spezielles Käsepapier oder Dosen	Kühlschrank	14 Tage
Parmesan	Küchenhandtuch	Kühlschrank	mehrere Monate
Eier	Eierfach oder Karton	Kühlschrank	3 Wochen
Schwein, Rind, Lamm	Glas oder Porzellanschüssel, mit Teller abgedeckt	Kühlschrank	2 – 3 Tage
Geflügel oder Hackfleisch	Originalverpackung	Kühlschrank	sofort essen
frische Wurst	spezielles Papier oder Dose	Kühlschrank	3 – 5 Tage
luftgetrocknete oder geräucherte Wurstwaren	Küchentuch oder spezielles Papier, locker verpacken	Kühlschrank	4 Wochen
Brot oder Brötchen	Brotkasten oder -dose oder Papiertüte und lockere Plastiktüte	Zimmertemperatur	2 – 14 Tage
festes Gemüse (das Blattgrün entfernen)	Gemüsefach, Dosen (Möhren und Spargel in ein feuchtes Küchenhandtuch einwickeln)	Kühlschrank	bis zu 14 Tage
Tomate, Gurke, Paprika, Aubergine, Zucchini, Kürbis	Gemüseschale	Zimmertemperatur	1 Woche
Blattsalate, Spinat (im ganzen Blatt gewaschen und getrocknet)	spezielle Dosen, dünne Tüten	Kühlschrank	5 – 7 Tage
Apfel, Birne, Zitrusfrüchte	Obstschale	Zimmertemperatur	3 – 5 Wochen
Beeren	Dose oder Schüssel, abgedeckt	Kühlschrank	1 – 2 Tage

Milchbrötchen

Die milden Brötchen versüßen das Wochenendfrühstück und den Nachmittag.

▶ **12 – 16 Brötchen**

½	Würfel Hefe
300 ml	Milch, lauwarm
50 g	Honig
1	Prise Salz
500 g	Weizenvollkornmehl
	Vanille
	Zimt
	Zitronenabrieb
50 g	weiche Butter

- Hefe in etwas Milch auflösen, restliche Milch, Honig und Salz einrühren. Mehl dazugeben, gut verrühren und dann die weiche Butter unterkneten. 1 bis 2 Min. kneten, Feuchtigkeit des Teiges überprüfen und eventuell Milch oder Mehl hinzufügen. Weitere 8 Min. kneten (Küchenmaschine insgesamt 7 Min.), bis der Teig geschmeidig ist und kaum mehr klebt. 30 bis 45 Min. zugedeckt gehen lassen.
- Noch einmal kräftig durchkneten, portionieren, formen und auf zwei mit Backpapier ausgelegten Blechen verteilen. Etwa 10 Min. gehen lassen, bis sich Poren an der Oberfläche gebildet haben. Backofen auf 200 Grad vorheizen, Brötchen einschieben und bei 160 Grad Umluft 15 Min. backen. Auf einem Gitter auskühlen lassen.
- Die Brötchen schmecken am besten frisch, können aber auch eingefroren werden.

Tipp

Wenn Sie nicht alle Brötchen auf einmal essen, backen Sie die Milchbrötchen nur ⅔ der Zeit, nehmen Sie sie aus dem Backofen und befeuchten Sie sie mit Wasser. Dann abdecken und spätestens 24 Stunden später erneut mit Wasser befeuchten und im vorgeheizten Backofen ⅔ der Zeit backen oder nach dem ersten Befeuchten einfrieren, kurz antauen lassen und dann aufbacken.

Austauschen

Milch: gleiche Menge Sojadrink, Reismilch oder Apfelsaft
Honig: gleiche Menge Zucker
Weizenvollkornmehl: gleiche Menge Dinkelvollkorn- oder Weizenmehl Type 1050
Butter: gleiche Menge Mandelöl
Rosinenbrötchen: 50 g Rosinen in den Teig einarbeiten
Ideal auch als Hefezopf, als Boden für einen Obst- oder Streuselkuchen

Was dazu?

Fruchtmus (S. 75), Schoko-Nuss-Creme (S. 76), Quark mit Bananenscheiben, süße Avocadocreme (S. 79)

Pfannenbrötchen

Brötchen aus der Pfanne gelingen selbst ungeübten Bäckern und sind wunderbar saftig.

▶ **ca. 6 Brötchen**

½ Würfel Hefe
220 ml Wasser, lauwarm
1 TL Salz
270 g Weizenvollkornmehl
1 TL Honig oder Zucker
Butterschmalz für die Pfanne

- Hefe in etwas Wasser auflösen, das restliche Wasser und das Salz hinzufügen. Mehl und Honig mit einem Kochlöffel unterrühren, so entsteht ein weicher Teig. Zugedeckt 20 bis 30 Min. gehen lassen.
- Eine beschichtete Pfanne mit einem Durchmesser von 24 cm mit Butterschmalz einfetten. Den Teig mit dem Kochlöffel nochmals durchschlagen und mit zwei Esslöffeln kleine Häufchen in die Pfanne setzen. Die Pfanne auf die kalte Herdplatte stellen und mit geschlossenem Deckel bei mittlerer Hitze 25 Min. backen (bei 3 Herdstufen auf 1½, bei 12 Herdstufen auf 6).
- Den Deckel zügig abnehmen, damit das Kondenswasser nicht auf die Brötchen tropft. Mit Hilfe eines Pfannenwenders die zu einem Fladenbrot zusammengebackenen Brötchen wenden und 10 Min. ohne Deckel weiterbacken.
- Die Brötchen halten sich 2 bis 3 Tage gut verpackt im Brotkasten bzw. eingefroren.

Austauschen Weizenvollkornmehl: gleiche Menge Dinkelvollkornmehl
Zwiebelpfannenbrötchen: 80 g fein gewürfelte gedünstete Zwiebel unter den Teig heben

Was dazu? Kräuterquark (S. 117), Käse, Wurst, Käse-Spinat-Kugeln (S. 115)

Frühstücksbrötchen

Ein einfaches Rezept – und die Kinder können beim Backen prima helfen!

▶ **12 – 16 Brötchen**

½ Würfel Hefe
350 ml Wasser, lauwarm
1 TL Salz
500 g Weizenvollkornmehl

- Hefe in etwas Wasser auflösen, das restliche Wasser und das Salz hinzufügen. Mehl mit einem Kochlöffel unterrühren, 2 Min. kneten, Feuchtigkeit überprüfen und evtl. mit etwas Mehl oder Wasser korrigieren, weitere 8 Min. kneten (Küchenmaschine insgesamt 7 Min.). Der Teig sollte eine geschmeidige Konsistenz haben.
- Zugedeckt ca. 45 Min. gehen lassen. Den Teig anschließend noch mal kräftig durchkneten und zu Brötchen formen, mit Wasser bestreichen und auf zwei mit Backpapier ausgelegte Bleche setzen. 10 bis 15 Min. gehen lassen.
- Den Backofen auf 220 Grad Umluft vorheizen. Die Brötchen in den Backofen schieben und die Temperatur auf 180 Grad herunterstellen. Die Brötchen 15 Min. backen. Auf einem Gitter die Brötchen auskühlen lassen.
- Schmecken frisch am besten, sonst einfrieren.

Austauschen Wasser: gleiche Menge Gemüsebrühe oder Sauerkrautsaft
Weizenvollkornmehl: gleiche Menge Dinkelvollkornmehl oder Weizenmehl Type 1050, dann allerdings etwas weniger Flüssigkeit verwenden

Was dazu? Butter mit Kräutersalz, Wurst und Käse, Quark, Honig, Marmelade

Tipp

Backen Sie die Brötchen nur ⅔ der Zeit, nehmen Sie sie aus dem Backofen und befeuchten Sie sie mit Wasser. Abdecken und spätestens 24 Stunden später erneut mit Wasser befeuchten und im vorgeheizten Backofen ⅔ der Zeit backen oder nach dem ersten Befeuchten einfrieren, kurz antauen lassen und dann aufbacken. So haben Sie immer frisches Gebäck.

Meggie Magnix

Quarkhörnchen

Toll fürs Wochenende!

▶ **10 große oder 20 kleine Hörnchen**

- 1 Würfel Hefe
- 1 TL Salz
- 1 EL Honig oder Zucker
- 500 g Weizenvollkornmehl
- 250 g Quark (20% Fett)
- 60 g weiche Butter

- Hefe in 100 ml warmem Wasser auflösen, Salz und Honig unterrühren. Mehl, Quark und Butter hinzugeben, 2 Min. kneten, Feuchtigkeit überprüfen und evtl. mit etwas Wasser oder Mehl korrigieren, weitere 8 Min. kneten (Küchenmaschine insgesamt 7 Min.). Der Teig sollte eine geschmeidige Konsistenz haben.
- Zugedeckt ca. 45 Min. gehen lassen. Den Teig noch einmal kräftig durchkneten, dritteln, jedes Teigstück dann zu einem 0,5 cm dicken Kreis von 26 cm Durchmesser ausrollen. Mit einem Messer 8 Kuchenstücke ausschneiden, jedes an der runden Seite mittig 2 cm einschneiden und von dort aus nach außen hin zur Spitze aufrollen.
- Die Hörnchen auf zwei mit Backpapier ausgelegte Bleche setzen und 10 Min. gehen lassen. Den Backofen auf 170 Grad Umluft vorheizen. Die Quarkhörnchen etwa 15 bis 20 Min. backen.
- Schmecken frisch am besten, halten sich 2 Tage gut verpackt bei Zimmertemperatur oder lassen sich einfrieren.

Austauschen

Weizenvollkornmehl: Dinkelvollkornmehl oder Weizenmehl Type 1050
Gefüllte Quarkhörnchen: Gekochten Schinken, Käse, Rosinen, Mandeln vor dem Aufrollen auf den Teig geben.
Toastbrot: Den Teig in einer gefetteten Kastenform 40–50 Minuten backen.

Was dazu?

Fruchtmus (S. 75), Schokonusscreme (S. 76), süße Avocadocreme (S. 79), ein Stück Käse

Schnelles Dinkel-Hafer-Brot

Schmeckt auch getoastet sehr gut!

▶ Reicht für die ganze Familie

1 Würfel Hefe · 400 ml Wasser, lauwarm · 150 g Joghurt · 1 – 2 TL Salz · 2 EL Obstessig · 1 EL Honig · 500 g Dinkevollkornmehl · 150 g Haferflocken, Kleinblatt · 50 g Leinsamen · 50 g Sesam

- Die Hefe in 100 ml lauwarmem Wasser auflösen, restliches Wasser, den Joghurt, Salz, Essig und Honig einrühren.
- Die restlichen Zutaten 1 bis 2 Minuten unterkneten. Feuchtigkeit des Teigs überprüfen und evtl. Wasser oder Mehl hinzufügen.
- Weitere 8 Minuten kneten (Küchenmaschine insgesamt 7 Minuten).
- Eine Kastenform fetten oder mit Backpapier auslegen, den Teig einfüllen und in den kalten Backofen schieben. 1 Stunde bei 160 Grad backen.
- Brot aus der Form nehmen und auf einem Gitter auskühlen lassen.
- Hält sich im Brotkasten 4 bis 5 Tage.

Austausch
Dinkelvollkornmehl: Weizenvollkornmehl
Leinsamen, Sesam: Sonnenblumenkerne

Was dazu?
Rote Butter (S. 116), Pikanter Avocadodip (S. 114), Kräuterquark (S. 117), Fruchtmus (S. 75), Schoko-Nuss-Creme (S. 76)

◀ Fruchtmus

Fruchtmus

Ein leckerer Brotaufstrich – ganz ohne zusätzlichen Zucker!

▶ 20 – 25 Portionen

250 g Trockenfrüchte, gemischt · 250 ml Apfelsaft · evtl. Vanille, Zimt, Zitronenabrieb, Ingwer

- Trockenfrüchte in kleine Stücke schneiden und in einen hohen Pürierbecher geben. Apfelsaft hinzugießen und mehrere Stunden durchweichen lassen. Anschließend pürieren und je nach Geschmack würzen.
- Auf zwei gut ausgespülte Schraubgläser verteilen.
- Das Fruchtmus hält sich 2 bis 3 Wochen im Kühlschrank, eingefroren deutlich länger.

Austauschen
gemischte Trockenfrüchte: nur eine Sorte
Apfelsaft: gleiche Menge Birnensaft, Kirschsaft oder Wasser
Besonders gut ist Fruchtmus aus:
- Pflaume, Birnensaft, Zimt
- Aprikose, Wasser, Zitronensaft
- 200 g Apfelringen und 50 g Rosinen, Apfelsaft, Vanille
- 125 g Datteln und 125 g Kirschen, Kirschsaft, Ingwer
- Sommerfruchtmus: halbe Menge Fruchtmus zubereiten und 125 g frische pürierte Früchte (Erdbeeren, Aprikosen) unterrühren – hält sich dann aber nur 2 bis 3 Tage im Kühlschrank.

Was dazu?
Eine Scheibe Hefezopf, getoastetes Brot, Zwieback, Waffeln (S. 149), Quarkhörnchen (S. 72) oder eingerührt in Naturjoghurt

Müsli-Bar

Schmeckt super und ist besonders ballaststoffreich.

▶ **Für den Vorrat**
Haferflocken · Hirseflocken · Dinkelflocken · Rosinen · Sesam · Sonnenblumenkerne · Mandeln, gehackt · Kokos-Chips

- Alle Zutaten getrennt voneinander in Gläser füllen und zum Frühstück auf den Tisch stellen. Dazu passt prima in kleine Stücke geschnittenes Obst, Fruchtsalat oder püriertes Obst und Milch, Joghurt, Sojamilch, Reisdrink oder Saft. So kann sich jeder sein individuelles Müsli, vielleicht sogar jeden Morgen anders, zusammenstellen und genießen.
- Für kleine Kinder kann man die Müslizutaten sehr gut im Blitzhacker zerkleinern.

Tipp
Nicht jeder isst morgens gerne Müsli, bieten Sie es vielleicht auch am Nachmittag an.

Schoko-Nuss-Creme

Ein gehaltvoller Brotaufstrich, der nicht zu süß ist.

▶ **35 Portionen**
150 g weiche Butter · 75 g Mandelmus · 75 g Haselnussmus · 3 EL Kakao, stark entölt · Akazienhonig oder Zucker

- Die Butter 10 Min. lang weiß schaumig schlagen (Küchenmaschine oder Handmixer). Die Nussmuse dazugeben und weitere 2 Min. schlagen. Kakao darübersieben und unterrühren. Mit Honig bzw. Zucker abschmecken.
- Die Creme hält sich 3 bis 4 Wochen im Kühlschrank oder lässt sich einfrieren.

Austauschen Haselnuss-, Mandelmus: Cashewkernmus
Schokoladenkonfekt: Weiche Schoko-Nuss-Creme mit einem Spritzsack in kleine Pralinenförmchen geben und mindestens 6 Stunden einfrieren.

Was dazu? Schoko-Nuss-Creme streicht man direkt auf ein frisches Quarkhörnchen (S. 72), Brötchen oder einen Toast.

Knusper-Müsli

Ein Sonntagsmüsli – schmeckt aber auch in der Woche!

▶ Für den Vorrat

35 g Butter · 1 EL Honig · 80 g Haselnüsse · 200 g Haferflocken, Kleinblatt · 100 g Hirseflocken · 50 g Sesam · 80 g Cranberries

- Haselnüsse fein hacken, Butter und Honig in einer Pfanne erhitzen,
  Haferflocken, Hirseflocken, Sesam und Haselnüsse hinzufügen und unter Rühren leicht anrösten.
- Auf einem großen Teller erkalten lassen.
- Cranberries evtl. klein schneiden und zu dem erkalteten Müsli geben.
- Die Müslimischung in einem Schraubglas aufbewahren, hält sich 4 bis 8 Wochen.

Austauschen

Butter: Rapsöl
Honig: Zucker
Hirseflocken:
Dinkel- oder Haferflocken
Haselnüsse: Mandeln oder Sonnenblumenkerne
Cranberries: getrocknete Kirschen oder Rosinen

Was dazu?

Joghurt, Milch und jede Menge frisch geschnittenes Obst

Mandelbutter

Ein milder Brotaufstrich, den Sie beliebig variieren können!

▶ 25 Portionen

100 g Mandeln, gemahlen · 100 g weiche Butter · 1 – 2 EL Akazienhonig

- Die Mandeln fein reiben und in einer Pfanne unter Rühren leicht anrösten. Auf einem Teller abkühlen lassen. Butter mit dem Honig mit einem Handrührgerät oder in der Küchenmaschine sehr schaumig schlagen. Die Mandeln unter die Buttermasse ziehen und mit dem Honig abschmecken.
- Hält sich 2 Wochen im Kühlschrank oder lässt sich einfrieren.

Austauschen

Mandeln: gleiche Menge Haselnüsse, Kokosraspeln oder Sesam
Akazienhonig: gleiche Menge Zucker oder ½ Tl Kräutersalz
Gewürzbutter: mit Vanille, Zimt, Zitronenabrieb oder Ingwer abschmecken.
Dattelbutter: 70 g Datteln, in 30 ml Orangensaft eingeweicht, pürieren und unter die Butter ziehen. Der Honig entfällt.

Süße Avocadocreme

Ein quietschgrüner, vitaminreicher Augenschmaus!

▶ 6 – 8 Portionen

1 Avocado · 2 EL Zitronensaft · 200 g Magerquark · 50 g Frischkäse · 2 – 3 EL Akazienhonig oder Zucker · evtl. Vanille, Zitronenabrieb, Orangenabrieb, Minze

- Avocado schälen, den Kern entfernen und das Fruchtfleisch in Stücke schneiden. Zitronensaft, Quark, Frischkäse und Honig dazugeben und pürieren. Mit den Gewürzen nach Wahl abschmecken. Hält sich 1 Tag im Kühlschrank.

Was dazu?

Frisches Brot, Rosinenbrötchen, Knäckebrot, Quarkhörnchen (S. 72), Zwieback, aufgeschnittenes Obst

Hafermilch

Für alle, die morgens nicht so viel kauen möchten.

▶ 4 Portionen

300 g Früchte der Saison (Erdbeeren, Himbeeren, Bananen etc.) · 600 ml Milch · 200 ml Joghurt · 60 g Haferflocken

- Früchte waschen, putzen, evtl. schälen (tiefgekühlte Früchte kurz antauen lassen) und mit den restlichen Zutaten fein pürieren.
- Hält sich 1 bis 2 Tage im Kühlschrank.

Austauschen

Milch: gleiche Menge Buttermilch, Molke, Reis- oder Sojadrink
Joghurt: gleiche Menge Sojajoghurt
Haferflocken: gleiche Menge Dinkelflocken, Reis oder Hirseflocken

Frucht-Buttermilch

Ein erfrischendes Getränk mit viel Kalzium!

▶ 4 Portionen

250 g Früchte (Himbeeren, Erdbeeren, Bananen, Birnen etc) · 750 g Buttermilch · 1 TL Akazienhonig · Vanille, Zitronensaft, Zimt, Minze, Kakao

- Gefrorene Früchte kurz antauen lassen, frische Früchte waschen, putzen, evtl. schälen und zerkleinern, mit den restlichen Zutaten pürieren oder im Mixbecher aufmixen.
- Hält sich 1 bis 2 Tage im Kühlschrank.

Karotten-Otto

»Otto« stärkt die Abwehrkräfte!

▶ 4 Portionen

500 ml Dickmilch · 250 ml Orangensaft · 250 ml Möhrensaft

- Alle Zutaten pürieren oder im Mixbecher aufmixen.
- Hält sich 2 Tage im Kühlschrank.

Austauschen

Dickmilch: Buttermilch oder Joghurt
Orangensaft: Apfelsaft

Tipp

Eis am Stil: Karotten-Otto in Eis-am-Stil-Formen füllen und einfrieren oder in einen Eiswürfelbereiter geben und nach einer halben Stunde im Tiefkühler abgeschnittene Strohhalme hineinstecken.

Sommerlimonade

Der perfekte Durstlöscher fürs Kinderfest!

▶ 8 Gläser

5 – 6 Kinderhände voll Zitronenmelissenblätter · 1 Kinderhand voll Minze · 2-3 Zitronen · 2 EL Akazienhonig · 100 ml Apfelsaft

- Zitronenmelisse/Minze waschen, putzen und etwas zerpflücken. In eine breite Schüssel geben. Zitronen pressen, den Zitronensaft, den Honig und Apfelsaft miteinander vermischen und darübergießen.
- Mit einem Kochlöffel die Melissenblätter andrücken. Abgedeckt 24 Stunden im Kühlschrank ziehen lassen. Melissenblätter über einem Sieb ausdrücken und den Sirup auffangen. In eine Flasche abfüllen. Mit Mineralwasser im Verhältnis 1 : 8 servieren.
- Hält sich 4 bis 5 Tage im Kühlschrank.

Austauschen Apfelsaft: gleiche Menge Wasser

Bananen-Eis-Shake

Eine gesunde Zwischenmahlzeit, auch ideal als Dessert.

▶ 4 Portionen

400 ml Milch · 2 Kugeln Vanilleeis · 2 reife Bananen · 1 TL Zitronensaft

- Alle Zutaten miteinander gut aufmixen oder pürieren und gleich servieren.

Austauschen Vanilleeis: gleiche Menge Schokoladen- oder Zitroneneis
Bananen: 300 g Himbeeren, Erdbeeren oder Nektarinen
Zitronensaft: gleiche Menge Orangensaft

Kohlrabi und Möhren in Curry-Senf-Sauce

Lecker mit Kartoffeln oder Hackbällchen, weil jede Menge Sauce dabei ist.

▶ 4 Portionen

500 g Möhren
1 Kohlrabi, mittelgroß
15 g Butter
500 ml Gemüsebrühe
ca. 40 g Hirsemehl, fein gemahlen
½–1 TL Curry, mild
½ TL Senf, mild
Salz
Pfeffer, frisch gemahlen
Zitronensaft
evtl. frische Kräuter

- Gemüse waschen, putzen, evtl. schälen und in feine Stifte (3 cm × 0,5 cm) schneiden. Butter in einer großen hohen Pfanne mit 2 EL Wasser erhitzen, das Gemüse darin wenden und kurz anbraten. Mit der Brühe ablöschen und bei geschlossenem Deckel das Gemüse in ca. 8 Min. bissfest garen.
- Das Gemüse mit einem Schaumlöffel herausnehmen und warm stellen. Das Hirsemehl in das Gemüsewasser einrühren und ca. 2 bis 3 Min. köcheln lassen.
- Mit Curry, Senf, Salz, Pfeffer und Zitronensaft abschmecken. Die Sauce über das Gemüse geben und evtl. mit frischen Kräutern servieren.
- Hält sich ein bis zwei Tage im Kühlschrank.

Austauschen
Möhren: gleiche Menge Petersilienwurzel, Pastinake, Kürbis oder Zucchini
Kohlrabi: 150 g Sellerie, Brokkoli, Blumenkohl, Weißkohl
Butter: gleiche Menge Rapsöl, Olivenöl
Hirse: gleiche Menge Vollkornreismehl oder Maismehl

Was dazu?
Nudeln, Reis, Kartoffeln, Dinkeltaler (S. 100), Pommes frites (S. 103), Hackbällchen (S. 107)

Tipp

Hirse-, bzw. Reismehl hat den großen Vorteil gegenüber Weißmehl, dass Sie es einfach in die heiße Flüssigkeit einrühren können, da es nicht klumpt. Maismehl können Sie schon fertig gemahlen und abgepackt einkaufen.
Alle drei Mehle sind sehr hell und neutral und dennoch vollwertig. Wenn Sie keine Getreidemühle besitzen, lassen Sie sich die Hirse oder den Vollkornreis im Naturkostladen mehlfein mahlen. Das feine Mehl lässt sich gut in einer Dose einfrieren und über die Zeit aufbrauchen.

Kürbisschiffchen aus dem Backofen

Erstes Fingerfood-Gemüse für die noch Zahnlosen.

▶ 4 Portionen

1 kg Hokkaido-Kürbis · 1 EL Sojasauce · 4 EL Rapsöl · 1 TL Zitronensaft · 1 kleine Knoblauchzehe

- Backofen auf 220 Grad vorheizen.
- Kürbis bürsten, vierteln, entkernen und in 1 – 2 cm dicke Spalten schneiden.
- Sojasauce, Rapsöl, Zitronensaft und die zerdrückte Knoblauchzehe verrühen.
- Ein Backblech mit Backpapier auslegen. Kürbisspalten mit der Marinade einstreichen und auf das Blech legen.
- Das Blech in den Ofen schieben und die Temperatur auf 200 Grad reduzieren. Ca. 15 Min. backen, die Kürbisspalten wenden und weitere 10 Min. backen.

Austauschen Rapsöl: Olivenöl
Sojasauce: ½ TL Salz

Was dazu? Kräuterquark (S. 117), Curry-Bananen-Dip (S. 114), Pellkartoffeln, Hackbällchen (S. 107)

Champignonragout

Ein cremiges Ragout, besonders fein zu Nudeln.

▶ 4 Portionen

500 ml Milch · 30 g Reismehl oder Maismehl · 100 g Hartkäse, gerieben (Parmesan, Emmentaler) · 100 g gekochter Schinken, gewürfelt · 400 g Champignons · Salz · Pfeffer, frisch gemahlen · frische Petersilie

- Das Reismehl in die Milch einrühren und 2 bis 3 Min. unter ständigem Rühren kochen lassen. Käse darin schmelzen lassen.
- Champignons mit Küchenkrepp säubern und in sehr feine Scheiben schneiden. Champignons und den Schinken zu der Sauce geben, 2 bis 3 Min. ziehen lassen, abschmecken und servieren.

Austauschen Champignons: gleiche Menge Erbsen

Was dazu? Blinis (S. 91), Nudeln oder Reis

Zucchinifrittata

Schmeckt nach Süden und Sonne!

▶ 10 – 12 Stück

750 g Zucchini · 2 Eier · 6-8 EL Weizenvollkornmehl · Salz, Pfeffer, Thymian · Butterschmalz

- Zucchini waschen, putzen und grob raspeln.
- Eier und Mehl mit den Gewürzen unterrühren und in heißem Butterschmalz 10 – 12 kleine Frittate backen.
- Schmecken am besten frisch, halten sich aber auch 2 Tage im Kühlschrank.

Austauschen Zucchini: gleiche Menge fein geraspelte Möhren oder Sellerie
Weizenvollkornmehl: gleiche Menge Dinkelvollkornmehl oder Weizenmehl Type 1050
Schmeckt auch kalt zwischen zwei Brötchenhälften.

Was dazu? Pellkartoffeln und Kräuterquark (S. 117), Tomatendip (S. 114), Tomatenketchup (S. 129)

Blumenkohl-Brokkoli-Auflauf

Schmeckt angenehm mild und sättigt.

▶ 4 Portionen

500 g Kartoffeln · 500 g Brokkoli · 500 g Blumenkohl · Salz · 100 ml Sahne · Muskat, Zitronensaft · 100 g Gouda, gerieben · 40 g Paniermehl

- Kartoffeln als Pellkartoffeln garen.
- Brokkoli und Blumenkohl waschen, putzen, die Röschen teilen und die groben Strünke würfeln. In wenig Salzwasser 5 Min. bissfest dünsten bzw. dämpfen. Mit einem Schaumlöffel herausnehmen, abbrausen und abtropfen lassen.
- Die Strünke mit dem Gemüsewasser, der Sahne und den Gewürzen pürieren.
- Backofen auf 200 Grad vorheizen.
- Eine Auflaufform fetten, die Kartoffeln pellen, in Scheiben schneiden und auf den Boden der Auflaufform legen. Brokkoli- und Blumenkohlröschen auf den Kartoffen bunt verteilen, die Sauce darübergießen und den Käse darübergeben. Das Paniermehl zum Schluss darüberstreuen.
- 10 bis 15 Min. überbacken.
- Der Auflauf hält sich im Kühlschrank einen Tag.

Austauschen Gemüse: Fenchel, Möhren
Sahne: Hafer- oder Sojasahne
Gouda: anderen Hartkäse oder Feta

Was dazu? Möhrensalat oder Feldsalat

◀ Zucchinifrittata

Rote-Bete-Gemüse mit Apfel

Schmeckt durch den Apfel wunderbar süß.

▶ 4 Portionen

600 – 800 g Rote Bete · 1 Zwiebel · 1 EL Butter · 100 ml Apfelsaft · 2 Äpfel, säuerlich · Salz · evtl. Meerrettich · 100 g Crème fraîche

- Rote Bete waschen, putzen, dünn schälen und in 1 cm große Würfel schneiden. Die Zwiebel würfeln, in Butter und 2 EL Wasser glasig dünsten.
- Rote Bete zu den Zwiebeln geben, kurz mit anbraten, mit dem Apfelsaft ablöschen und bei geschlossenem Deckel 5 Min. garen. Die Äpfel waschen, putzen, vierteln, würfeln und zu dem Gemüse geben. Weitere 10 bis 15 Min. dünsten.
- Mit den Gewürzen abschmecken. Den Meerrettich vorsichtig dosieren, damit es nicht zu scharf wird, oder weglassen! Mit einem Löffel Crème fraîche servieren.
- Hält sich 1 bis 2 Tage im Kühlschrank bzw. eingefroren.

Was dazu? Kartoffelgratin (S. 101), Kartoffelpüree oder Backlinge, Dinkeltaler (S. 100)

Bunte Reispfanne

Steckt voller gesunder Vitamine.

▶ 4 Portionen

200 g Vollkornreis · 400 g Möhren · 1 EL Olivenöl · 200 g Erbsen, tiefgekühlt · 200 g Mais, tiefgekühlt · Kräutersalz, Pfeffer, Oregano · 50 ml Sahne · 100 ml Milch · 2 EL Kürbiskerne, geröstet und gehackt

- Den Reis in 500 ml Wasser ohne Salz 30 bis 40 Min. gar kochen. Möhren waschen, putzen und in Stifte schneiden. Das Olivenöl und 1 EL Wasser in einer großen Pfanne oder Wok erhitzen. Die Möhrenstifte darin kurz andünsten, Erbsen und Mais hinzufügen und bei geschlossenem Deckel 10 Min. dünsten. Evtl. etwas Wasser angießen.
- Den gegarten Reis hinzufügen. Sahne und Milch angießen und mit den Gewürzen kräftig abschmecken. Mit den Kürbiskernen bestreuen.
- Hält sich 1 bis 2 Tage im Kühlschrank bzw. eingefroren.

Austauschen Vollkornreis: gleiche Menge Hirse oder Bulgur
Erbsen: gleiche Menge Bohnen
100 g gewürfelten Feta oder Schinkenwürfel untermengen oder mit geriebenem Käse 10 Min. bei 180 Grad Ober-/Unterhitze überbacken.

Was dazu? Schnelle Tomatensauce (S. 126) oder Kräuterquark (S. 117)

Curry-Linsen

Curry und Apfel verleihen eine exotische Note.

- Das Gemüse und den Apfel waschen, putzen und in kleine Würfel schneiden. Olivenöl mit 1 EL Wasser erhitzen, das Curry darin auflösen und das Gemüse leicht anbraten.
- Die Linsen dazugeben, mit der Gemüsebrühe auffüllen und etwa 20 Min. köcheln lassen. Gelegentlich umrühren. Evtl. Flüssigkeit dazugeben. Mit den Gewürzen abschmecken und jeweils mit einem Löffel Schmand servieren.
- Das Gemüse hält sich 2 Tage im Kühlschrank.

Austauschen Paprikaschote: 1 Stange Lauch
Rote Linsen: gleiche Menge Hirse oder Bulgur
Mit einem zusätzlichen Apfel und mehr Gemüsebrühe lassen sich die Curry-Linsen zu einer Suppe pürieren.

Was dazu? Mit etwas frisch aufgeschnittenem Gemüse oder Obstspießen zum Nachtisch ist dieses Linsengericht eine eigenständige Mahlzeit.

▶ **4 Portionen**

350 g Möhren
200 g Kartoffeln
1 Paprikaschote
1 Apfel
1 EL Olivenöl
1 TL Curry, mild
150 g rote Linsen
500 ml Gemüsebrühe
Salz, Essig
Knoblauch, Tomatenmark
4 EL Schmand

Tipp

Mit ein wenig Koriander und Kurkuma, in Apfelsaft eingeweichten Rosinen und gerösteten ganzen Mandeln bekommen die Linsen eine feine orientalische Note.

Polenta-Tomaten-Schnitten

Kinder lieben die Konsistenz der Schnitten.

▶ 12 – 16 Schnitten

650 ml Gemüsebrühe
2 EL Olivenöl
200 g Polenta (Maisgrieß)
500 g Tomaten
150 g Quark
2 Eier
80 g Parmesan, gerieben
Salz
Basilikum
Knoblauch

- Gemüsebrühe und Olivenöl aufkochen lassen, den Topf von der Herdplatte nehmen und die Polenta einrühren. 10 Min. unter gelegentlichem Rühren köcheln lassen und auf der ausgeschalteten Herdplatte weitere 10 Min. ausquellen lassen.
- Tomaten waschen, putzen und in 0,5 cm große Würfel schneiden. Den Backofen auf 180 Grad Ober-/Unterhitze vorheizen. Quark, Eier, Parmesan, die Gewürze und die Tomatenwürfel unter die Polentamasse ziehen.
- Ein Backblech zu ⅔ mit Backpapier auslegen, ⅓ des Blechs mit Backpapier oder Alufolie abtrennen, die Masse gleichmäßig darauf- oder in eine Quiche-Form mit 28 cm Durchmesser geben und glatt streichen. Etwa 30 Min. goldbraun backen.
- Die Polentaschnitten halten sich 2 Tage im Kühlschrank bzw. eingefroren.

Austauschen
Olivenöl: gleiche Menge Rapsöl oder 20 g Butter
Polenta: gleiche Menge Weizen- oder Dinkelgrieß
Parmesan: gleiche Menge Hartkäse (Emmentaler) oder Gouda
Tomaten: gleiche Menge grob geriebene Zucchini oder gegarter gehackter Spinat

Was dazu?
Brokkolisauce und Pellkartoffeln und Salat

Tipp
Polenta-Tomaten-Schnitten schmecken auch kalt sehr gut mit Kräuterquark oder zwischen zwei Brötchenhälften. Sie sind ideal fürs Picknick.

Polentaplätzchen

Prima auch als Hamburger im Brötchen.

- 700 ml Wasser, den Spinat und das Kräutersalz zum Kochen bringen. Topf von der Herdplatte nehmen, Polenta einrühren. 10 Min. unter gelegentlichem Rühren köcheln lassen. 10 Min. ausquellen lassen.
- Eier, Quark und Käse unter den ausgequollenen Grieß geben und mit den Gewürzen abschmecken. Den Backofen auf 180 Grad Ober-/Unterhitze vorheizen.
- Aus der Masse ca. 12 gleich große Kugeln formen, etwas andrücken und auf ein mit Backpapier ausgelegtes Blech setzen. 25 Min. backen, herausnehmen, mit Olivenöl bestreichen und weitere 5 Min. backen.
- Die Plätzchen halten sich 2 Tage im Kühlschrank bzw. eingefroren.

Austauschen Spinat: gleiche Menge geriebene Möhren oder Zucchini
Polenta: gleiche Menge Weizenvollkorngrieß oder Dinkelgrieß
Hartkäse: gleiche Menge Gouda oder ein Würfel Schafskäse als Füllung

Was dazu? Rohkost mit verschiedenen Dips (S. 114) und Pellkartoffeln, Kohlrabi, Möhrengemüse

▶ **20 kleine Plätzchen**

150 g Spinat, gehackt oder Blattspinat (tiefgekühlt)
1½ TL Kräutersalz
250 g Polenta (Maisgrieß)
2 Eier
2 EL Quark
150 g Hartkäse, gerieben
Salz
Pfeffer, frisch gemahlen
Basilikum
1 EL Olivenöl

Meggie Magnix

Hafer-Pfannküchlein

Herzhaft oder süß kombinierbar.

▶ **12–15 Stück**

500 ml Milch · 20 g Hefe · 200 g Haferflocken, Kleinblatt · 100 g Weizenvollkornmehl · 2 Eier · ½ Tl Salz · 1 Bund Schnittlauch · Butterschmalz zum Backen

- Die Milch leicht erwärmen und die Hefe darin auflösen. Haferflocken und Vollkornmehl unterrühren und 30 Minuten gehen lassen.
- Eier, Salz und Schnittlauch unterrühren.
- Butterschmalz in einer Pfanne erhitzen.
- Jeweils einen gehäuften Esslöffel Teig in die Pfanne geben und die Hafer-Pfannküchlein von beiden Seiten goldbraun ausbacken; sofort servieren.

Austauschen Milch: gleiche Menge Soja-, Reis-, oder Haferdrink
Weizenvollkornmehl: gleiche Menge Dinkelvollkornmehl oder Weizenmehl, Type 1050
Süße Haferküchlein: Anstelle der Kräuter Vanille, Zimt, Zitronenabrieb und anstelle von Salz 1 EL Zucker zum Teig geben.

Was dazu? Spinat, jedes andere Gemüse, zur süßen Variante frisches Apfel-, Pflaumen- oder Aprikosenkompott

Sommerliche Hirse mit Möhre und Gurke

Schmeckt auch den ganz Kleinen gut!

▶ **4 Portionen**

250 g Hirse · 700 ml Gemüsebrühe · 1 Salatgurke · 600 g Möhren · Salz, Zitronenmelisse, Minze · 20 g Butter
Für die Sauce: 100 g Joghurt · 100 g Schmand · 2 EL Zitronensaft · 1 Bund Dill, fein geschnitten · Kräutersalz, Knoblauch

- Hirse in einem Sieb mit heißem Wasser durchspülen und in einem großen Topf unter Rühren und Hitzezufuhr trocken andarren, bis sie würzig duftet. Die heiße Gemüsebrühe angießen und die Hirse 15 Min. bei geschlossenem Deckel köcheln.
- Das Gemüse waschen, putzen und in 2 cm lange Stifte schneiden. Zu der Hirse dazu geben und weitere 10 Min. garen. Die Hirse mit Salz, Minze und Zitronenmelisse abschmecken und mit 20 g Butter verfeinern.
- Für die Sauce alle Zutaten glatt rühren und kräftig abschmecken.
- Hält sich 1 bis 2 Tage im Kühlschrank.

Austauschen Hirse: gleiche Menge Bulgur oder Buchweizen
Möhre: gleiche Menge Kohlrabi
Butter: Olivenöl, Rapsöl

Blinis

Die besten Pfannkuchen, schmecken wunderbar nussig!

- Aus den Zutaten einen geschmeidigen Teig herstellen. Butterschmalz in der beschichteten Pfanne erhitzen. Den Backofen auf 100 Grad Ober-/Unterhitze vorheizen.
- Eine halbe Suppenkelle Teig mit einer drehenden Bewegung gleichmäßig in der Pfanne verteilen und die Pfannkuchen von beiden Seiten 2 Min. backen. Pfannkuchen auf einem Teller stapeln und im Backofen warm halten.
- Schmecken frisch am besten!

▶ **12 bis 16 Pfannkuchen**

200 g Buchweizenmehl
100 g Weizenvollkornmehl
1 Ei
550 ml Milch
1 Prise Salz
Butterschmalz zum Backen

Austauschen Weizenvollkornmehl: Gleiche Menge Dinkelvollkornmehl oder Weizenmehl Type 1050

Was dazu? Champignonragout (S. 83), Blumenkohlsalat (S. 110), rohes Gemüse mit verschiedenen Dips (S. 114) oder eine herzhafte Füllung, z. B. mit Spinat und Fetawürfeln, oder die süße Variante mit Zitronensaft und Zucker oder Marmelade

Mini-Pizzen

Der Renner auf dem Kindergeburtstag.

▶ 8 – 10 Stücke oder ein Blech

für den Teig:

½ Würfel Hefe
½ TL Salz
400 g Weizenvollkornmehl
3 EL Olivenöl

für die Tomatensauce:

100 g Tomatenmark
2 EL Olivenöl
1 TL Kräutersalz
1 TL Oregano
2 Tomaten

für den Belag:

z. B.: Paprika, Mais, Pilze
Spinat, Brokkoli, Schinken
Salami, Thunfisch, Mozzarella
Feta oder Gouda

- Für den Teig die Hefe mit dem Salz in 200 bis 250 ml lauwarmem Wasser auflösen, Mehl dazugeben und gut verrühren, zum Schluss das Öl unterkneten. 1 bis 2 Min. kneten, Feuchtigkeit überprüfen, evtl. noch etwas Wasser oder Mehl hinzufügen, weitere 8 Min. zu einem geschmeidigen Teig verkneten (Küchenmaschine insgesamt 7 Min.). Den Teig abgedeckt 30 Min. gehen lassen.
- Für die Tomatensauce das Tomatenmark mit dem Olivenöl und den Gewürzen glatt rühren. Tomaten waschen, putzen, in sehr kleine (0,5 cm) Würfel schneiden und in die Tomatensauce geben.
- Für den Belag das Gemüse waschen, putzen, klein schneiden, evtl. vorgaren. Schinken oder Salami in Streifen schneiden und den Käse reiben bzw. zerbröckeln. Den Teig nochmals kräftig durchkneten, in 8 bis 10 Stücke teilen, jedes zu einem kleinen dünnen Fladen ausrollen und auf zwei mit Backpapier ausgelegte Bleche verteilen. Nochmals kurz gehen lassen.
- Backofen auf 200 Grad Umluft vorheizen. Die Pizzaböden ca. 5 Min. vorbacken. Die Pizzen mit Tomatensauce bestreichen und individuell belegen. Nochmals etwa 10 Min. backen.
- Am besten schmecken die Pizzen frisch aus dem Ofen. Vorgebackene und nicht belegte Böden lassen sich drei Tage in einer Tüte aufbewahren bzw. einfrieren; dazu sollten Sie den Teig vor dem Backen mehrere Male mit der Gabel einstechen, sonst entstehen Blasen.

Austauschen Weizenvollkornmehl: gleiche Menge Dinkelvollkornmehl oder Weizenmehl Type 1050
Tomaten: 150 g geschälte Tomaten aus dem Glas
Die Attraktion an Kindergeburtstagen ist Pizza im Raclettegrill! Hierfür backen Sie viele kleine Pizzaböden (angepasst an die Größe der Racletteförmchen) vor. Tomatensauce, Gemüse, Schinken und Käse werden auf Schälchen verteilt, und jedes Kind darf sich seine Pizza zaubern! Schneiden Sie dazu reichlich Gemüse auf!
Wenn Sie den Teig etwa 1,5 cm dick ausrollen, mit einem Glas rund ausstechen, 10 Min. gehen lassen und dann abbacken, entsteht in der Mitte des Gebäcks eine große Luftblase und Sie erhalten Pitataschen. Einfach aufschneiden und beliebig füllen mit Salat, Kräuterquark, Käse oder Hackbällchen.

Was dazu? Rohkost, Salate je nach Jahreszeit, Obstsalat zum Nachtisch

Möhrenwaffeln

Gemüse lässt sich prima verstecken!

▶ 6 – 8 Waffeln

50 g flüssige Butter · 1 Ei · 250 bis 300 ml Milch · 1 TL Kräutersalz · 300 g Möhren · 100 g Polenta · 100 g Weizenvollkornmehl

- Butter, Ei, Milch und Kräutersalz verquirlen. Möhren waschen, putzen, fein reiben und unter die Ei-Milch-Masse geben. Polenta und Mehl unterrühren und den Teig 15 Min. quellen lassen. Waffeleisen vorheizen und 7 bis 8 Waffeln ausbacken.
- Die Waffeln halten sich 2 bis 3 Tage im Kühlschrank, sie lassen sich einfrieren und im Toaster aufbacken.

Austauschen

Milch: gleiche Menge Mineralwasser
Möhren: gleiche Menge Zucchini, Kohlrabi, Pastinake
Polenta: Dinkel- oder Weizengrieß
Weizenvollkornmehl: gleiche Menge Dinkelvollkornmehl
Für süße Waffeln: Äpfel statt Möhren und 2 EL Zucker statt Kräutersalz

Was dazu?

Kräuterquark (S. 117) zum Dippen, Tomatendip (S. 114), Rohkost, Ketchup (S. 129), Blumenkohlsalat (S. 110), Brokkoli-Tomaten-Salat (S. 110)

Tipp

Mit 80 g geriebenem Käse bekommen die Waffeln einen sehr kräftigen Geschmack.

Gemüsekuchen vom Blech

So schmeckt der Gemüsekuchen schon den Kleinsten

- Gemüse waschen, putzen und grob raspeln. Kartoffeln schälen und fein raspeln. Den Backofen auf 170 Grad Ober-/Unterhitze vorheizen. Quark, Eier, Haferflocken und die Gewürze verrühren und mit dem Gemüse und den Kartoffeln vermengen.
- ⅔ des Blechs mit Butterschmalz ausstreichen, mit Sesam bestreuen und mit Backpapier oder Alufolie abtrennen. Gemüse-Kartoffel-Masse gleichmäßig darauf verteilen. Gemüsekuchen ca. 40 Min. backen und anschließend in Rechtecke schneiden.
- Halten sich 2 Tage im Kühlschrank oder lassen sich einfrieren.

Austauschen Haferflocken: gleiche Menge Weizen- oder Dinkelgrieß
Schabzigerklee: gleiche Menge Curry oder Paprika, edelsüß
Sie können den Gemüsekuchen auch mit Zwiebeln, frischen Kräutern oder 150 g geriebenem Käse verfeinern.

Was dazu? Feldsalat im Winter und Gurken- oder Tomatensalat im Sommer

▶ 12 – 16 Stücke

1 kg Gemüse (Kürbis, Zucchini, Kohlrabi, Möhre, Sellerie)
500 g Kartoffeln, mehlig kochend
200 g Quark
3 Eier
8 EL Haferflocken, fein
2 TL Kräutersalz
1 TL Schabzigerklee
Butterschmalz
2 EL Sesam

Italienische Nudeln al forno

Ein schneller Auflauf.

▶ 4 Portionen
- 500 g Vollkornspirelli
- 1 EL Olivenöl
- 2 Knoblauchzehen
- 1 TL Oregano
- 750 ml Tomatenpassata
- 1 – 2 TL Honig
- Salz | Pfeffer, frisch gemahlen
- 150 g Parmesan bzw. Hartkäse, gerieben

- Nudeln in Salzwasser bissfest garen. Olivenöl mit 1 EL Wasser erhitzen, Knoblauch hacken und mit dem Oregano andünsten. Tomatenpassata hinzugeben und 5 bis 10 Min. köcheln lassen. Den Backofen auf 170 Grad Ober-/Unterhitze vorheizen.
- Die Sauce mit Honig und den Gewürzen pikant abschmecken. Die Nudeln mit ⅔ der Käsemenge in einer Auflaufform schichten, die Sauce angießen und als Letztes mit einer Schicht Käse bestreuen. 15 Min. im Backofen überbacken.
- Der Auflauf hält sich 1 bis 2 Tage im Kühlschrank oder lässt sich einfrieren.

Austauschen
Vollkornspirelli: gleiche Menge Vollkorn-Farfalle, -Penne oder -Tortellini
Knoblauch: 1 Zwiebel, 100 g Lauch
Tomatenpassata: 1,2 kg frische Tomaten, püriert
Hartkäse: 250 g Mozzarella

Was dazu?
Rohkost mit Dip, Blumenkohlsalat (S. 110)

Sauerkraut-Kartoffel-Auflauf

Schön herzhaft für die kalte Jahreszeit.

- Die Kartoffeln waschen, putzen, schälen, vierteln und in wenig Wasser garen. Apfel waschen, putzen und grob reiben. Butter mit 1 EL Wasser erhitzen, den geriebenen Apfel darin andünsten und das Sauerkraut dazugeben (evtl. das Sauerkraut sehr klein hacken). 10 Min. garen.
- Kartoffeln abgießen und das Wasser auffangen. Kartoffeln pressen oder stampfen und mit dem Kochwasser, der Milch und der Butter zu einem lockeren Püree vermengen. Mit den Gewürzen abschmecken. Das Sauerkraut süßlich abschmecken.
- Den Backofen auf 180 Grad Ober-/Unterhitze vorheizen. Die Hälfte des Pürees in eine gefettete Auflaufform füllen, darauf das Sauerkraut verteilen und das restliche Püree darüberstreichen. Mit Paniermehl bestreuen und die Butterflöckchen verteilen. Den Auflauf ca. 20 Min. im Backofen überbacken.
- Der Auflauf hält sich 2 Tage im Kühlschrank.

▶ 4 Portionen

1 kg Kartoffeln, mehlig kochend
1 Apfel
10 g Butter
100 bis 200 ml Milch
10 g Butter
Salz, Muskat
250 g Sauerkraut, frisch
Apfeldicksaft
Kümmel, gemahlen
2 EL Paniermehl
10 g Butter

Austauschen Milch: gleiche Menge Hafer-, Reis- oder Sojadrink
Sauerkraut: 300 g Rotkohl

Was dazu? Feldsalat und evtl. Würstchen

Tipp

50 g klein gewürfelter magerer Schinkenspeck oder 150 g Kassler schenken dem Auflauf einen leckeren, kräftigen Geschmack.

Gemüsequiche

Eine schöne Verpackung für Gemüse!

▶ 12–16 Stücke

für den Teig:

200 g Weizenvollkornmehl
½ TL Salz
70 g weiche Butter
1 Ei
2–4 EL kaltes Wasser
Butterschmalz zum Einfetten

für den Belag:

2 EL Paniermehl
600 bis 800 g Gemüse (Mangold, Lauch, Tomaten und Auberginen, Brokkoli etc.)
100 g Hartkäse, gerieben

für den Guss:

200 g saure Sahne
50 g Quark
1 Eigelb
Kräutersalz, Pfeffer
Muskat, frische Kräuter

- Für den Teig alle Zutaten zügig zu einem geschmeidigen Mürbeteig verkneten. Eine Quicheform (Ø 26 cm) mit Butterschmalz einfetten. Den Teig etwas größer als die Form ausrollen und in die Form legen, dabei den Rand hochdrücken. Mindestens 30 Min. kalt stellen.
- Das Gemüse waschen, putzen, evtl. schälen und in mundgerechte Stücke schneiden. Anschließend in etwas Wasser bissfest garen. Sehr wasserhaltiges Gemüse, wie zum Beispiel Spinat, sollten Sie vorher gut ausdrücken. Backofen auf 180 Grad Ober-/Unterhitze stellen. Die Zutaten für den Guss verrühren und kräftig mit den Gewürzen abschmecken.
- 2 EL Paniermehl auf dem Boden verteilen, das Gemüse darauflegen, den Guss angießen und mit dem Käse bestreuen. Etwa 30 Min. backen und vor dem Anschneiden noch einige Min. auskühlen lassen.
- Hält sich 2 Tage im Kühlschrank oder lässt sich einfrieren. Den rohen Teig in der Form können Sie mehrere Tage gut verpackt im Kühlschrank aufbewahren oder einfach einfrieren.

Austauschen
Weizenvollkornmehl: gleiche Menge Dinkelvollkornmehl oder Weizenmehl Type 1050
Paniermehl: gleiche Menge Grieß, Grünkernschrot, gemahlene Haselnüsse, Mandeln oder Sesam
Hartkäse: gleiche Menge Gouda, Feta oder Mozzarella
Saure Sahne: gleiche Menge Schmand oder süße Sahne

Einige gelungene Kombinationen für Quiches:

- Mangold oder Spinat mit Feta
- Lauch mit Sesam und Hartkäse
- Möhren mit Curry, Mandeln und Gouda
- Tomate, Aubergine, Zucchini mit Oregano und Mozzarella
- Brokkoli mit Grünkernschrot und Feta
- Champignons mit Knoblauch, Thymian und Hartkäse

Was dazu? Knackiges Gemüse mit Dip oder gemischter Salat

Tipp

Käsequiche: Anstelle des Gemüses verteilen Sie 150 g geriebenen Emmentaler und 50 g Schinkenwürfel auf dem Boden und den Guss rühren Sie aus 1 EL Weizenvollkornmehl, 200 ml Milch, 100 g Joghurt, 4 Eiern, Salz, Pfeffer und Muskat.

Dinkeltaler

Herzhaft, ballaststoffreich und vor allem fettarm!

▶ **10 – 12 Taler**

200 g Dinkel, grob geschrotet
400 ml Gemüsebrühe
1 Stange Lauch
1 EL Olivenöl
1 EL Sonnenblumenkerne
100 g Hartkäse
Kräutersalz, Pfeffer
evtl. Koriander oder Knoblauch
2 Eier
1 – 2 EL Olivenöl

- Dinkelschrot in der Gemüsebrühe aufkochen und etwa 15 bis 20 Min. ausquellen lassen. Lauch der Länge nach teilen und unter fließendem Wasser waschen, dann in sehr kleine Würfel schneiden. 1 EL Olivenöl und 1 EL Wasser erhitzen und den Lauch darin 5 Min. dünsten.
- Lauch, Sonnenblumenkerne und Käse mit dem Dinkelschrot gut vermengen – geht am besten mit den Händen – und mit den Gewürzen kräftig abschmecken. Den Backofen auf 180 Grad Ober-/Unterhitze vorheizen.
- Die Eier unterkneten und etwa 12 bis 14 kleine Kugeln (Durchmesser ca. 3 – 4 cm) formen, diese etwas flach drücken, auf ein mit Backpapier ausgelegtes Blech legen und ca. 20 Min. backen. Dann die Taler mit Olivenöl bepinseln und weitere 5 bis 10 Min. backen.
- Dinkeltaler halten sich 2 bis 3 Tage gut verpackt im Kühlschrank bzw. eingefroren.

Tipp

Dinkeltaler lassen sich in Nullkommanichts zwischen zwei Brötchenhälften mit einem Salatblatt, etwas Gurke und Tomaten sowie 1 EL Ketchup in einen vegetarischen Hamburger verwandeln.

Austauschen

Dinkelschrot: gleiche Menge Dinkel- oder Weizengrieß
Lauch: 150 g Möhren, fein gewürfelt, oder 100 g Sellerie, Pastinake
Sonnenblumenkerne: gleiche Menge Sesam, gehackte Mandeln, klein geschnittene schwarze Oliven ohne Öl
Hartkäse: Gouda, Feta

Was dazu?

Möhrengemüse, Rohkost mit Dip, Kürbissauce (S. 123), Rote-Bete-Gemüse (S. 86)

Kartoffelgratin

Schön mild und leicht zu essen.

▶ 4 Portionen

1 Knoblauchzehe · Butterschmalz für die Form · 1,2 kg Kartoffeln, festkochend · Salz, Pfeffer, Muskat · 150 g Bergkäse, gerieben · 400 ml Milch · 100 ml Crème fraîche oder Sahne · 20 g Butter

- Den Backofen auf 180 Grad Ober-/Unterhitze vorheizen. Eine hohe Auflaufform mit der halbierten Knoblauchzehe ausreiben und mit Butterschmalz dünn einfetten. Die Kartoffeln schälen und in sehr dünne Scheiben schneiden, besser hobeln.
- Kartoffelscheiben in die Auflaufform schichten und mit Salz, Pfeffer und Muskat würzen und mit dem Käse bestreuen. So verfahren, bis die Kartoffeln und der Käse aufgebraucht sind. Milch und Crème fraîche miteinander verrühren und langsam über die Kartoffeln gießen. Die Butter in Flocken darauf verteilen und 40 bis 60 Min. backen.
- Hält sich 1 Tag im Kühlschrank.

Austauschen Kartoffeln: gleiche Menge Hokkaido-Kürbis
Bergkäse: gleiche Menge Gouda oder Feta, Sie können den Käse aber auch ganz weglassen.

Dazu passt Apfel-Möhren-Salat (S. 108) für die Kleinen oder ein Feld- bzw. Endiviensalat für die Großen.

Käsesoufflé

Ein raffinierter Kuchen mit Aha-Effekt.

▶ 4 Portionen

500 ml Milch · 80 bis 100 g Maismehl oder Reismehl · 180 g Bergkäse oder Emmentaler, gerieben · 5 Eier · Salz | Pfeffer, frisch gemahlen · Butterschmalz für die Form

- Die Milch mit dem Mehl verrühren und 2 bis 3 Min. unter Rühren köcheln lassen. Geriebenen Käse sofort unterziehen, sodass eine einheitliche Masse entsteht. Kurz auskühlen lassen. Mit Salz und Pfeffer abschmecken.
- Eier trennen, Eiklar zu Eischnee aufschlagen. Backofen auf 180 Grad Ober-/Unterhitze vorheizen. Eine hohe Auflaufform mit Butterschmalz einfetten. Erst das Eigelb unter die Masse geben, dann vorsichtig den Eischnee unterziehen. Die Masse in die Auflaufform füllen, sofort in den Backofen schieben und 45 Min. goldgelb backen, während der Backzeit den Backofen nicht öffnen. Sofort servieren.

Austauschen Geben Sie 450 g gedünsteten Blattspinat vor dem Eischnee unter die Masse. Danach den Eischnee unterziehen. Schmeckt auch sehr gut mit 1 EL frischem grünem Pfeffer.

Was dazu? Ein großer Rohkostteller

Achtung Das Käsesoufflé geht im Backofen erst enorm auf, und sobald die Auflaufform auf dem Tisch steht, sinkt es schnell wieder zusammen.

Bröselkartoffeln mit Paprikaquark

Knusprige Kartoffeln und würziger Quark – lecker!

▶ 4 Portionen

für die Kartoffeln:

- 1,2 bis 1,5 kg Kartoffeln
- 40 g Butter
- 80 g Paniermehl
- Salz | Pfeffer, frisch gemahlen
- Paprika, edelsüß

für den Quark:

- 1 Paprika, rot
- 300 g Magerquark
- 2 EL Rapsöl
- 2 EL Joghurt
- Kräutersalz, Basilikum

Tipp

Sie können die Kartoffeln auch dachziegelartig in eine gefettete Auflaufform geben, mit Butterflocken und Paniermehl bestreuen und bei 180 Grad 15 Min. goldbraun backen.

- Kartoffeln waschen, bürsten und in der Schale 20 bis 30 Min. garen, anschließend kalt abschrecken und pellen. Je nach Größe halbieren oder vierteln. In einer Pfanne die Butter zerlassen, Paniermehl und Kartoffeln hinzufügen und bei geringer Temperatur goldbraun backen. Pikant abschmecken. Für den Quark die Paprika waschen, putzen und in 0,5 cm große Würfel schneiden. Mit den restlichen Zutaten gut vermischen und mit den Gewürzen abschmecken.
- Die Kartoffeln müssen frisch gegessen werden, der Quark hält sich 1 Tag im Kühlschrank.

Austauschen
Kartoffeln: gleiche Menge gegarte Möhren oder Zucchini
Paniermehl: 40 g Paniermehl mit 40 g Sesam mischen oder gleiche Menge zerriebenes Knäckebrot
Butter: Olivenöl
Paprika edelsüß: Kümmel, gemahlen
Rapsöl: gleiche Menge Leinöl
Paprika rot: Im Winter 100 g Champignons oder getrocknete Tomaten gemischt mit Oliven oder 1 Bund Schnittlauch

Was dazu? Salat

Pommes frites

Der Hit für den Kindergeburtstag!

▶ **4 Portionen**

1 kg Kartoffeln, mehligkochend · 2 EL Olivenöl · Salz

- Kartoffeln schälen und in Stifte schneiden. Backofen auf 180 Grad Umluft vorheizen. Kartoffelstifte in dem Olivenöl wenden und auf zwei mit Backpapier ausgelegten Blechen gleichmäßig verteilen und 20 Min. backen. Wenden und weitere 20 Min. backen, bis sie eine goldbraune Farbe haben. Mit Salz abschmecken und servieren.
- Schmecken nur ganz frisch aus dem Ofen!

Austauschen Olivenöl: gleiche Menge Rapsöl
Wenn Sie die Kartoffeln gut bürsten und mit Schale schneiden und garen, geht's schneller und die Pommes sind vollwertiger!

Was dazu? Schnelles fruchtiges Ketchup (S. 129), Kräuterquark (S. 117), Maissalat mit Käsecreme (S. 108), Hackbällchen (S. 107), Kohlrabi und Möhren in Curry-Senf-Sauce (S. 82)

Fisch-Kartoffel-Monde

Auch schon für die ganz Kleinen.

▶ **4 Portionen**

300 g Kartoffeln · 400 g Fischfilet (Rotbarsch, Seelachs, Kabeljau) · 20 g Butter · 1 TL Salz · 1 Ei · 40 g Quark · 1 TL Zitronensaft · 10 g Butter

- Kartoffeln in der Schale weich garen. Fischfilet waschen, trocknen und in wenig Wasser 8 bis 10 Min. dünsten. Kartoffeln pellen, stampfen oder durch eine Presse drücken. Backofen auf 180 Grad vorheizen. Fischfilet mit den Fingern zerkleinern, so spürt man die Gräten gut und kann sie entfernen.
- Kartoffeln und Fisch mit den restlichen Zutaten mit Hilfe einer Gabel gut verkneten. 8 bis 10 kleine Kugeln daraus formen und auf ein mit Backpapier ausgelegtes Backblech setzen. Butter schmelzen. 15 Min. backen, herausnehmen und mit der Butter bestreichen. In weiteren 5 bis 10 Min. goldbraun backen.
- Halten sich 1 bis 2 Tage im Kühlschrank oder lassen sich einfrieren.

Was dazu? Kräuterquark (S. 117), Ketchup, Rohkost, Brokkoli-Tomaten-Salat (S. 110), Rote-Bete-Gemüse mit Apfel (S. 86)

Fischstäbchen

Kinderklassiker

▶ **4 Portionen**

600 g Fischfilet · Zitronensaft, Salz · 1 Ei · 75 g Vollkornknäckebrot · Etwas Oliven- oder Rapsöl

- Backofen auf 190 Grad Ober-/Unterhitze vorheizen. Fischfilet waschen, trocken tupfen, mit Zitronensaft einreiben und etwas salzen. Fischfilet in 2 cm breite Streifen schneiden und, wenn erforderlich, von Gräten befreien.
- Vollkornknäckebrot mit einem Blitzhacker zerkrümeln und in einen tiefen Teller geben. Das Ei in einem tiefen Teller verquirlen. Fischstreifen durch das Ei ziehen und dann das Knäckebrot beidseitig andrücken. Panierte Fischstäbchen auf ein mit Backpapier ausgelegtes Backblech legen und 10 bis 15 Min. backen.
- 5 Minuten vor Ende der Backzeit die Fischstäbchen mit etwas Oliven- oder Rapsöl besprühen, dann werden sie noch knuspriger.
- Die Fischstäbchen halten sich 1 Tag im Kühlschrank.

Austauschen Vollkornknäckebrot: gleiche Menge Vollkornkräcker oder leicht gesalzenes grobes Paniermehl

Was dazu? Brokkoli-Tomaten-Salat (S. 110), Möhrenmayonnaise (S. 124), Ketchup, Pellkartoffeln, Kürbissauce (S. 123)

Seemannsragout

Reich an Jod und wunderbar würzig.

▶ **4 Portionen**

1 Gemüsezwiebel · 150 bis 200 g Zucchini · 2 EL Olivenöl · 500 g Tomatenpassata · 400 g Fischfilet · Kräutersalz, Pfeffer · Basilikum · 50 ml Sahne

- Gemüsezwiebel und Zucchini waschen, putzen und in 0,5 cm große Würfel schneiden. 2 EL Olivenöl in 2 EL Wasser erhitzen, das Gemüse darin andünsten und mit dem Tomatenpassata angießen. 5 bis 10 Min. köcheln lassen.
- Fischfilet waschen, trocken tupfen, von Gräten befreien und in mundgerechte Stücke schneiden. Fisch vorsichtig in das nicht mehr kochende Gemüse geben und kurz unter dem Siedepunkt 5 bis 8 Min. gar ziehen lassen. Mit den Gewürzen abschmecken und die Sahne angießen und sofort servieren.

Austauschen Zucchini: gleiche Menge Lauch oder Aubergine, Pastinake
Tomatenpassata: gleiche Menge frische, gehäutete und gewürfelte Tomaten

Was dazu? Vollkornnudeln, Vollkornreis

Tipp

Nutzen Sie das Seemannsragout für eine Fischlasagne, indem Sie es abwechselnd mit Béchamelsauce (S. 124) zwischen die Nudelplatten schichten!

Fischfilet mit Tomatendeckel

Schön saftig, mit viel Gemüse.

- Zwiebel würfeln und in Olivenöl und 1 EL Wasser andünsten. Blattspinat hinzufügen und bissfest garen. Sahne und Milch mit dem Reismehl verrühren und den Spinat damit andicken. 2 bis 3 Min. köcheln lassen. Mit den Gewürzen abschmecken.
- Den Backofen auf 160 Grad Ober-/Unterhitze vorheizen. Fischfilet waschen, trocken tupfen, mit Zitronensaft beträufeln, salzen. Tomaten waschen, putzen und in 0,5 cm dicke Scheiben schneiden.
- Spinat in eine Auflaufform füllen, die Fischfilets darauflegen, Tomatenscheiben auf dem Fisch verteilen. Anschließend mit dem Paniermehl und Butterflocken bestreuen. 10 bis 20 Min. im Backofen garen, je nach Dicke des Fischfilets.
- Sofort servieren!

Austauschen Zwiebel: 2 gehackte Knoblauchzehen
Blattspinat: gehackter oder 1,5 kg frischer Spinat oder jeweils 800 g Lauch oder Mangold

Was dazu? Pellkartoffeln oder Reis

▶ **4 Portionen**

1 Zwiebel
1 EL Olivenöl
750 g Blattspinat, tiefgekühlt
50 ml Sahne
50 ml Milch
1 – 2 EL Reismehl oder Maismehl
Salz, Pfeffer, Muskat
500 bis 600 g Fischfilet (Seelachs, Rotbarsch, Kabeljau)
1 TL Zitronensaft
2 – 3 Tomaten
2 EL Paniermehl
20 g Butter

Schweinebraten in Buttersauce

Macht sich fast von alleine.

▶ 4 Portionen

600 bis 800 g Schweinerücken, am Stück ausgelöst · 250 g Sauerrahmbutter · 1 TL Salz

- Schweinerücken waschen, trocken tupfen und die äußeren Fettstücke abschneiden. Butter schmelzen lassen und das Salz darin lösen. Das Fleisch in eine Auflaufform legen, die Butter angießen (das Fleisch sollte mindestens zur Hälfte in der Butter liegen).
- Die Auflaufform in den kalten Backofen schieben und bei 140 Grad Ober-/Unterhitze 2¾ Stunden garen. Zwischendurch das Fleisch mit der Buttersauce begießen.
- Der Braten hält sich 2 bis 3 Tage im Kühlschrank oder lässt sich einfrieren.

Austauschen	Schweinerücken: gleiche Menge Kalbsrücken
Was dazu?	Pellkartoffeln und Möhrengemüse, Vollkornreis mit Champignons, Rohkost und frisches Weizenbrot

Tipp

Fangen Sie ⅔ der Buttersauce auf, füllen Sie sie in ein Schraubglas. Eignet sich prima zum Verfeinern von Nudelsaucen, Gemüsegerichten oder Bratkartoffeln. Und garen Sie gleich ein größeres Stück Fleisch, so können Sie den Rest dünn aufschneiden und als Aufschnitt essen. Lässt sich portioniert in TK-Beuteln verpackt gut einfrieren.

Mildes Putengeschnetzeltes

Zart und in cremiger Sauce – so lieben Kinder Fleisch.

▶ 4 Portionen

500 g Putenfilet · 3 EL Reismehl · Butterschmalz · Salz, Pfeffer, Curry · 400 ml Gemüsebrühe · 200 g Möhren · 300 g Erbsen, tiefgekühlt · 100 g Schmand · 50 ml Sahne · 1 Bund Petersilie, gehackt

- Fleisch waschen, trocken tupfen, in feine Streifen schneiden und mit dem Reismehl vermischen. Butterschmalz in einer großen hohen Pfanne erhitzen und das Fleisch darin anbraten und würzen. Die Gemüsebrühe angießen. Mit geschlossenem Deckel 10 Min. köcheln lassen.
- Die Möhren waschen, putzen, evtl. schälen und in feine Scheiben schneiden, mit den Erbsen zusammen in die Pfanne geben. Weitere 5 Min. köcheln lassen. Schmand und Sahne glatt rühren und dazu gießen, abschmecken und mit Petersilie bestreut servieren.
- Hält sich 2 Tage im Kühlschrank oder lässt sich einfrieren.

Austauschen	Putenfilet: gleiche Menge Hühnerbrustfilet oder Kalbsschnitzel Reismehl: Maismehl, Weizenmehl Type 1050 Möhren: gleiche Menge Champignons
Was dazu?	Vollkornreis, Vollkornnudeln, Brot und Salat

Tipp

Mediterranes Putengeschnetzeltes: Mit Knoblauch und Rosmarin anstelle von Curry und mit Tomaten, Zucchini und Auberginen anstelle von Erbsen und Möhren schmeckt die Putenpfanne gleich italienisch. Auch gut: mit Sojasauce, Curry, Ananas und Sojasprossen.

Putenbraten vom Blech

Ein herzhaftes Fleischgericht, gut vorzubereiten.

▶ **4 Portionen**

500 bis 600 g Putenbrust · 1 TL Olivenöl · Salz, Pfeffer, Thymian · 1 kg Kartoffeln · 500 g Möhren · 2 Zwiebeln · 2 EL Olivenöl

- Putenbrust waschen, trocken tupfen und mit Olivenöl einreiben. Reichlich mit Salz, Pfeffer und Thymian bestreuen und in die Mitte auf ein Backblech setzen. Kartoffeln und Möhren waschen, bürsten und putzen, Zwiebeln schälen und alles in 2 cm dicke Würfel bzw. Scheiben schneiden.
- In 2 EL Olivenöl wenden, mit Salz und Thymian würzen und auf dem Blech, um das Fleisch herum, verteilen. In den kalten Backofen schieben und dann bei 180 Grad Ober-/Unterhitze 45 Min. braten.
- Der Braten hält sich 1 Tag im Kühlschrank oder lässt sich einfrieren.

Austauschen
Thymian: Rosmarin
Möhren: gleiche Menge Sellerie, Pastinake, Hokkaidokürbis
Zwiebeln: 2–3 Knoblauchzehen, halbiert

Was dazu?
Blattsalat, Rohkost mit Kräuterquark (S. 117)

Tipp

Braten Sie gleich ein größeres Stück Fleisch, so können Sie den Rest dünn aufschneiden, portionieren und einfrieren und haben einen herrlichen Bratenaufschnitt! Ideal auch wenn Sie einmal eine größere Menge Gäste zu versorgen haben. Bereiten Sie gleich zwei Bleche vor und garen Sie das Fleisch bei 170 Grad Umluft.

Hackbällchen

Kinderklassiker!

▶ **4 Portionen**

1 Zwiebel · 300 g Rinderhackfleisch · 100 g Weizengrieß · 1 Ei · 2 EL Tomatenmark · Petersilie · Salz | Pfeffer, frisch gemahlen

- Zwiebel fein hacken. Alle Zutaten miteinander verkneten und würzen. Den Backofen auf 200 Grad Ober-/Unterhitze vorheizen. 10 bis 12 kleine Bällchen formen und auf ein mit Backpapier ausgelegtes Blech setzen. 20 bis 25 Min. backen.
- Halten sich 2 bis 3 Tage im Kühlschrank oder lassen sich einfrieren.

Austauschen
Rinderhackfleisch: gleiche Menge Lammhackfleisch oder Rindertartar
Weizengrieß: gleiche Menge Paniermehl oder Maisgrieß
Tomatenmark: 1 EL Senf
Füllen Sie die Hackbällchen mit einem Würfel Feta!

Was dazu?
Pommes frites (S. 103), Kohlrabi und Möhren in Curry-Senf-Sauce (S. 82), Rotkohlsalat (S. 111), Apfel-Möhren-Salat (S. 108)

Maissalat mit Käsecreme

Ein bunter Salat mit vielen Ballaststoffen.

▶ 4 Portionen

200 g Mais, tiefgekühlt oder aus dem Glas · 150 g Kräuterfrischkäse · 100 ml Buttermilch · Salz | Pfeffer, frisch gemahlen · 1 Bund Schnittlauch · 300 g Möhren · 1 kleiner Eisbergsalat

- Den gefrorenen Mais auftauen und blanchieren. Kräuterfrischkäse mit Buttermilch glatt rühren und mit Salz und Pfeffer abschmecken. Schnittlauch in Röllchen schneiden. Möhren waschen, putzen und grob raspeln. Salat waschen, trocken schleudern und in mundgerechte Stücke zupfen. Alle Zutaten locker miteinander vermengen und sofort servieren.

Was dazu? Fisch-Kartoffel-Monde (S. 103), Kartoffelgerichte, Brot, Pommes frites (S. 103)

Tipp

Eine in feine Ringe geschnittene Zwiebel verleiht dem Salat einen kräftigeren Geschmack.

Susi Süßling

Apfel-Möhren-Salat

Ideal für Kinder – schön süß und knackig.

▶ 4 Portionen

1–2 TL Akazienhonig · 2 EL Zitronensaft · 2 EL Rapsöl · Salz | Pfeffer, frisch gemahlen, evtl. Koriander · 500 g Möhren · 200 g Äpfel · 2 EL Sonnenblumenkerne, geröstet

- Aus Honig, Zitronensaft, Öl und den Gewürzen ein Dressing rühren. Möhren und Äpfel waschen, putzen, die Äpfel vierteln und entkernen, beides grob raspeln und sofort mit der Sauce vermengen. 20 bis 30 Min. durchziehen lassen, nochmals abschmecken und mit den Sonnenblumenkernen bestreuen.
- Der Salat hält sich 1 Tag im Kühlschrank.

Austauschen

Rapsöl: Olivenöl, Mandelöl

Zitronensaft: gleiche Menge Limettensaft, Orangensaft

Möhren: gleiche Menge Kohlrabi, Kürbis, Zucchini, Rote Bete, Fenchel

Apfel: gleiche Menge Birne

Sonnenblumenkerne: gleiche Menge Kürbiskerne, Sesam, Kokoschips, Mandelstifte, Pinienkerne

Gelungene Kombinationen sind
- Kohlrabi, Möhre, Kürbiskerne
- Kürbis, Apfel, Kokoschips
- Zucchini, Möhre, Limettensaft, Pinienkerne
- Rote Bete, Birne, Birnendicksaft, Sesam
- Fenchel, Apfel, Orangensaft, Mandelstifte

Was dazu? Putengeschnetzeltes, Hackbällchen (S. 107)

Gemüselutscher

Selbst Gemüsemuffel können hier nicht widerstehen.

▶ 4 Portionen

2 Schlangengurken · 4 Möhren · Zahnstocher · 1 Weißkohl

- Gurken waschen und beide Enden abschneiden, dann in der Mitte durchschneiden, sodass Sie zwei gleich große Stücke erhalten.
- Mit einem Apfelausstecher das weiche Innere der Gurke herausschaben. Wenn Sie keinen Apfelausstecher besitzen, schneiden Sie mit einem langen dünnen Messer am Rand des Inneren der Gurke entlang und drücken dieses mit dem Stiel eines Kochlöffels heraus.
- Möhre waschen, putzen und mit dem Sparschäler in Form schälen, dass sie genau in die ausgehöhlte Gurke passt. 1 cm dicke Scheiben von der Gurke abschneiden, auf ein Brettchen legen und vom äußeren grünen Gurkenrand aus einen Zahnstocher bis zur Mitte der Möhre schieben.
- Weißkohl an einer Seite flach schneiden, sodass er gut aufliegt, und die Gemüselutscher in den Kohl stecken.
- Die Lutscher halten sich 1 Tag im Kühlschrank.

Was dazu?

Kräuterquark (S. 117), Möhrenmayonnaise (S. 124), Avocadodip (S. 114)

Blumenkohlsalat

Feine Rohkost, die allen schmeckt.

▶ **4 Portionen**

1 reife Banane · 3 EL Zitronensaft · 150 g Joghurt · 2 EL Rapsöl oder Mandelöl · Salz | Pfeffer, frisch gemahlen · Curry · 400 g Blumenkohl · 2 EL Kokosraspel, geröstet

- Die Banane schälen, mit einer Gabel zerdrücken und mit Zitronensaft, Joghurt, Öl und den Gewürzen zu einer süßlich-würzigen Sauce verrühren. Blumenkohl vom Strunk befreien, in Röschen brechen und diese gut waschen. Die Strünke raspeln, die Blumenkohlröschen fein zerteilen und alles zusammen mit der Sauce locker vermischen. Mit den Kokosraspeln dekorieren und 30 Min. ziehen lassen.
- Der Salat hält sich 1 Tag im Kühlschrank.

Austauschen Kokosraspel: gehackte Pistazien oder Sonnenblumenkerne

Was dazu? Dinkeltaler (S. 100), Möhrenwaffeln (S. 94), Blinis (S. 91), schneller Nudelauflauf

Tipp

Geraspelter Blumenkohl schmeckt auch mit Möhren-Avocado-Dressing.

Brokkoli-Tomaten-Salat

Schön würzig und voller Vitalstoffe.

▶ **4 Portionen**

500 g Brokkoli · 400 g Tomaten · 6 Blätter Basilikum · 2 EL Olivenöl · 2 EL Balsamessig · ½ Avocado · 1 EL Tomatenmark · Salz

- Brokkoli und Tomaten waschen und putzen. Tomaten vierteln und das weiche Innere in einen Pürierbecher geben. Basilikum, Öl, Essig, aus der Schale gelöstes Avocadofleisch, Tomatenmark und das Salz hinzufügen und fein pürieren. Die Tomaten fein würfeln. Brokkolistiele schälen und reiben. Brokkoliröschen fein zerteilen. Alle Zutaten miteinander vermengen und abschmecken. Mindestens 30 Min. ziehen lassen.
- Der Salat hält sich 2 Tage im Kühlschrank.

Was dazu? Schweinebraten (S. 106), Käsesoufflé (S. 101), Fischstäbchen (S. 104), Möhrenwaffeln (S. 94), Fisch-Kartoffel-Monde (S. 103)

Rotkohlsalat mit Rosinen

Rotkohl – einmal ganz anders.

▶ 4 Portionen

150 ml Birnensaft · 30 g Rosinen · 2 EL Rapsöl · Salz, Zitronensaft · 1 Prise Zimt · 500 g Rotkohl · 1 – 2 Birnen

- Rosinen in dem Birnensaft in der Salatschüssel 10 Min. einweichen. Rapsöl und die Gewürze und den Zitronensaft dazugeben und gut verrühren. Die äußeren Blätter und den Strunk des Rotkohls abschneiden und wegwerfen, den Rest sehr fein raspeln und direkt mit der Marinade verrühren. Birne waschen, evtl. schälen und unter den Rotkohl raspeln. Den Salat mindestens ½ Stunde durchziehen lassen. Nochmals abschmecken.
- Der Salat hält sich 2 Tage im Kühlschrank.

Austauschen Birne und Birnensaft: Apfel und Apfelsaft

Was dazu? Kartoffelgerichte, Hackbällchen (S. 107), Brot und Käse

Tipp

Verfeinern Sie den Salat mit gerösteten Mandeln.

Linsensalat mit Hüttenkäse

Mit viel Eiweiß – macht groß und stark!

▶ 4 Portionen

200 g Beluga-Linsen (klein, schwarz) · 1 Lorbeerblatt · 2 – 3 EL Olivenöl · 2 – 3 EL Zitronensaft · Salz | Pfeffer, frisch gemahlen · 750 g Cocktailtomaten · 200 g Hüttenkäse · 2 EL Kresse oder Basilikum

- Die Linsen mit dem Lorbeerblatt in 450 ml Wasser kalt aufsetzen, 20 Min. köcheln lassen. Anschließend 20 Min. ausquellen lassen, die Linsen über einem Sieb durchspülen und auskühlen lassen. In einer Schüssel Olivenöl mit Zitronensaft und den Gewürzen gut verrühren.
- Cocktailtomaten waschen, putzen, vierteln und mit der Marinade vermengen. Hüttenkäse und die ausgekühlten Linsen unterheben und nochmals abschmecken. Mit Kresse oder Basilikum dekorieren.
- Hält sich 1 Tag im Kühlschrank, die gegarten Linsen lassen sich sehr gut einfrieren.

Austauschen Beluga-Linsen: braune Tellerlinsen
Olivenöl: Rapsöl mit 1 TL Kürbiskernöl
Zitronensaft: weißer Balsamessig
Hüttenkäse: gewürfelter Feta oder Mozzarella

Was dazu? Mit einer Scheibe frischem Vollkornbrot ist der Linsensalat im Sommer ein herrliches Mittagessen.

Tipp

Garen Sie die Linsen in der Zeit des Frühstücks, so sind sie am Mittag gut ausgequollen und direkt einsetzbar.

Sommerlicher Couscous-Salat

Ein Hauch von Mittelmeer.

▶ **4 Portionen**

300 g Couscous · 450 ml Tomatensaft · 3 EL Olivenöl · Salz, Basilikum · Akazienhonig, Zitronensaft · 500 g Tomaten · 200 g Mozzarella · 30 g Pinienkerne

- Couscous mit dem Tomatensaft verrühren und mindestens 2 Stunden quellen lassen. Anschließend mit den Händen auflockern. Olivenöl, Salz, Basilikum, Honig und Zitronensaft untermischen und abschmecken.
- Tomaten waschen, putzen, in 0,5 cm große Würfel schneiden und zum Couscous geben. Mozzarella klein würfeln und ebenfalls dazu geben. Pinienkerne ohne Fett leicht anrösten und über den Salat verteilen.
- Der Salat hält sich 2 Tage im Kühlschrank.

Austauschen: Tomatensaft: gleiche Menge Gemüsebrühe
Tomaten: gleiche Menge Gurke oder Möhre
Mozzarella: gleiche Menge Feta oder Gouda
Pinienkerne: gleiche Menge Sonnenblumenkerne oder Sesam

Gelungene Kombination:
Arabisch wird der Couscous in Brühe gequollen, mit Curry und Knoblauch, 200 g Gurke, 200 g Möhren, 100 g Apfel, 30 g in Apfelsaft eingeweichten Rosinen, 50 g gerösteten Mandeln und einem Bund Minze.

Paprikasalat mit Erdnussdressing

Schön bunt und nussig.

▶ **4 Portionen**

3-4 EL Erdnussmus, crunchy · 2-3 EL Balsamessig · Salz · 3 bunte Paprikaschoten · 2 Äpfel, säuerlich und knackig · Evtl. 30 g Erdnüsse

- Erdnussmus, 4 bis 6 EL Wasser und Essig glattrühren und mit Salz abschmecken. Paprika waschen, von den Kernen befreien und in mundgerechte Stücke schneiden. Sofort zu der Marinade geben und unterrühren. Apfel waschen, vierteln, entkernen, in kleine Stifte schneiden und unterrühren. Für größere Kinder kann der Salat mit 30 g Erdnüssen garniert werden.
- Der Salat hält sich 1 Tag im Kühlschrank.

Was dazu? Nudelauflauf (S. 96), Kartoffelgratin (S. 101), Brot

▶ Paprikasalat mit Erdnussdressing

Pikanter Avocadodip

Quietschgrün und aromatisch – da kann keiner widerstehen!

▶ 4 – 8 Portionen

1 – 2 reife Avocados · 50 g Quark · 1 – 2 EL Zitronensaft · Salz | Pfeffer, frisch gemahlen · Knoblauch, evtl. frische Kräuter · 1 – 2 Tomaten

- Avocado schälen, den Kern entfernen und mit Quark, Zitronensaft und den Gewürzen pürieren und abschmecken. Tomaten waschen, putzen und in 0,5 cm große Würfel schneiden und unter die Creme ziehen.
- Der Dip hält sich 1 bis 2 Tage im Kühlschrank.

Was dazu?

Brot, Brötchen, Fisch-Kartoffel-Monde (S. 103), Fischstäbchen (S. 104), Käsestangen, aufgeschnittenes Gemüse

Curry-Bananen-Dip

Der süßliche Dip passt besonders gut zu rohem Gemüse.

▶ 4 – 8 Portionen

1 kleine reife Banane · 150 g Schmand · 1 TL Birnen- oder Apfeldicksaft · 1 TL milder Curry · Salz, Zitronensaft

- Alle Zutaten miteinander pürieren und pikant abschmecken.

Austauschen

Schmand: gleiche Menge saure Sahne

Was dazu?

Sticks z. B. aus Staudensellerie, Kohlrabi; Möhren oder Blumenkohlröschen

Tipp

Verfeinern Sie den Dip mit 1 EL gerösteten Kokosraspeln.

Tomatendip

Ein herrlicher Dip, der blitzschnell fertig ist.

▶ 4 – 8 Portionen

100 g saure Sahne · 50 g Joghurt · 100 g Quark · 2 EL Tomatenmark · 1 TL Akazienhonig · Kräutersalz, Basilikum

- Alle Zutaten zu einer glatten Creme verrühren und kräftig abschmecken.
- Der Dip hält sich 3 Tage im Kühlschrank.

Austauschen:

saure Sahne: gleiche Menge Schmand
Akazienhonig: gleiche Menge Apfeldicksaft oder Zucker

Was dazu?

Rohkost oder die bunte Reispfanne (S. 86)

Tipp

Im Sommer mit zwei sehr klein gewürfelten Tomaten und jeder Menge Basilikum schmeckt der Tomatendip nicht nur zu Salaten und Gemüse, sondern auch besonders herrlich zu frisch (auf) gebackenen Brötchen.

Käse-Spinat-Kugeln

Prima zum Abendessen!

▶ **20 Kugeln**

100 g Spinatblätter, frisch · 3 EL Kräuter, frisch · 20 g Butter, weich · 100 g Magerquark · 100 g Hartkäse oder Gouda, gerieben · Salz | Pfeffer, frisch gemahlen · Knoblauch · 2–3 EL Pistazien, gehackt

- Spinatblätter und Kräuter waschen, putzen, trocken schütteln und sehr fein schneiden. Die Butter mit einer Gabel unter den Quark kneten, Käse daruntermischen.
- Alle Zutaten zu einer festen Masse vermischen und mit den Gewürzen abschmecken. Aus der Masse 20 kleine Kugeln formen und diese in den gehackten Pistazien wenden.
- Halten sich 4 Tage im Kühlschrank.

Austauschen Frischer Spinat: die gleiche Menge Tiefkühlspinat – auftauen lassen und gut ausdrücken.
Pistazien: gerösteter Sesam, frische gehackte Kräuter, Curry oder Paprikapulver

Was dazu? Frisches Brot oder Pfannenbrötchen (S. 70) und Knäckebrot, Pellkartoffeln

Grüner Erbsenaufstrich

Schmeckt auch den Kleinsten.

▶ **4 Portionen**

100 g Erbsen, TK-Ware · 50 ml Gemüsebrühe · 1 TL Sesammus · 1 EL Zitronensaft · Salz, Zitronenabrieb

- Erbsen in der Gemüsebrühe 6 Min. weich garen oder 100 g gegarte Erbsen vom Vortag verwenden. Die Gemüsebrühe auffangen und zur Seite stellen. Alle Zutaten mit dem Pürierstab oder im Mixbecher fein pürieren und von der zurückgehaltenen Gemüsebrühe hinzufügen: Fest können Sie es als Brotaufstrich, cremig als Dip verwenden.
- Hält sich 1 bis 2 Tage im Kühlschrank.

Austauschen Erbsen: gegarte Linsen oder weiße Bohnen
Gemüsebrühe: Wasser
Sesammus: 2 El Frischkäse oder Quark

Was dazu? Vollkornbrot, Brötchen, Gemüsesticks, Pellkartoffeln, Pommes frites (S. 103)

Tipp

Minze, glatte Petersilie oder Knoblauch geben der Creme eine besondere Note.

BROTAUFSTRICHE UND DIPS

Rote Butter

Ein milder und vitaminreicher Brotaufstrich.

▶ ca. 8 – 10 Portionen

200 g Möhren · 100 g weiche Butter · 50 g Tomatenmark · 2 – 3 EL Olivenöl · Kräutersalz, Paprika · Zitronensaft

- Die Möhren fein reiben und mit den anderen Zutaten zu einer homogenen Masse verrühren. Mit Kräutersalz, Paprika und Zitronensaft abschmecken.
- Hält sich 1 Woche im Kühlschrank.

Austauschen Möhren: gleiche Menge Kürbis, Champignons, Zucchini
Butter: gleiche Menge Margarine, ungehärtet
Olivenöl: Rapsöl, Walnussöl

Was dazu? Roggenvollkornbrot, Vollkornbrötchen, Kräcker

Tipp
Mit Knoblauch, frischen Kräutern, klein geschnittenen Tomaten oder Oliven schmeckt's schön mediterran.

Kartoffelaufstrich

Preiswert, leicht und lecker.

▶ ca. 8 Portionen

100 g Kartoffeln, gekocht · 1 Ei, gekocht · 100 g Magerquark · 50 g weiche Butter · 50 g Hartkäse oder Gouda, gerieben · 2 EL Schmand · Kräutersalz, Zitronensaft

- Die Kartoffel mit der Gabel grob zerkneten. Das Ei in kleine Würfel schneiden. Alle Zutaten mit der Gabel locker vermengen und mit Kräutersalz und Zitronensaft abschmecken.
- Der Aufstrich hält sich 2 bis 3 Tage im Kühlschrank.

Austauschen: Hartkäse: gleiche Menge Camembert, klein geschnitten
Schmand: gleiche Menge Joghurt oder saure Sahne

Was dazu? Herzhaftes Roggenvollkornbrot oder Pumpernickel oder als Füllung für Gemüseschiffchen oder Tomaten

Tipp
Mengen Sie klein geschnittene rote Paprikawürfel oder Radieschen unter und im Sommer frische Kräuter wie Basilikum, Thymian oder auch Bärlauch. Knoblauch oder Zwiebelwürfel machen den Aufstrich kräftiger.

Kräuterquark

Schmeckt frisch und frühlingshaft.

▶ 4 – 8 Portionen

250 g Magerquark · 50 g Frischkäse · 100 g Joghurt · 3 EL frische Kräuter, gehackt · 1 TL Kräutersalz · Pfeffer, Paprika edelsüß

- Quark, Frischkäse und Joghurt glatt rühren. Mit den Kräutern und Gewürzen abschmecken.
- Der Quark hält sich 3 bis 5 Tage im Kühlschrank.

Austauschen	Frische Kräuter: 1 bis 2 TL getrocknete Kräuter, z. B. Basilikum, Kerbel, Majoran oder Schabzigerklee
Was dazu?	Kräftiges Roggenbrot, Gemüsesticks, Pellkartoffeln, Möhrenwaffeln (S. 94), Pommes frites (S. 103), bunte Reispfanne (S. 86), Fisch-Kartoffel-Monde (S. 103)

Tipp

Mit 100 g fein gehobelter Gurke und zwei Knoblauchzehen verwandeln Sie den Kräuterquark schnell in ein leckeres Tzaziki. Dill und Schwarzkümmel sind dann die richtigen Gewürze.

Erbsensuppe mit Lachssahne

Schmeckt auch kleinen Gemüsemuffeln.

▶ 4 Portionen

für die Suppe: 1 Zwiebel · 1 EL Olivenöl · 800 ml Gemüsebrühe · 400 g Erbsen, tiefgekühlt · Kräutersalz, Pfeffer · Zitronensaft

für die Lachssahne: 70 g Räucherlachs · 100 g Magerquark · 1 TL Zitronensaft · Salz | Pfeffer, frisch gemahlen · 100 ml Sahne

- Zwiebel würfeln und in 1 EL Olivenöl und 1 EL Wasser glasig dünsten. Die Gemüsebrühe angießen und die Erbsen dazugeben, 10 bis 15 Min. köcheln lassen. Räucherlachs mit Quark pürieren und mit den Gewürzen abschmecken.
- Sahne steif schlagen und unter die Lachscreme ziehen. Kühl stellen. Die Suppe pürieren und mit den Gewürzen abschmecken. Die Suppe mit 1 EL Lachssahne pro Person servieren.
- Die Suppe hält sich 2 Tage im Kühlschrank, die Lachssahne 3 Tage.

Austauschen Räucherlachs: geräucherte Forelle

Was dazu? Toastbrot oder Baguette

Tipp

Zwei klein gewürfelte Tomaten, kurz in der Suppe gezogen, schenken zusätzlich Farbe und einen frischen Geschmack. Lachssahne eignet sich auch als Brotaufstrich oder zum Füllen von kleinen Kirschtomaten oder Gurken.

Buchstaben-Minestrone

Kinderklassiker

▶ 4 Portionen

200 g Gemüse (Lauch, Sellerie, Möhre, Zucchini, Kohlrabi, Blumenkohl) · 2 EL Olivenöl · 800 ml Gemüsebrühe · 200 g Tomaten · 50 g Vollkornbuchstabennudeln · Salz, Pfeffer, Basilikum

- Das Gemüse waschen, putzen und in sehr kleine Würfel schneiden. Olivenöl mit 2 EL Wasser in einem Topf erhitzen und das Gemüse kurz anbraten. Die Gemüsebrühe angießen. Nach 5 Min. die Buchstabennudeln hinzufügen und weitere 5 Min. kochen. Die Tomaten entkernen, würfeln und mit den Gewürzen zur Suppe geben. Die Suppe 5 Min. ziehen lassen und mit Basilikumstreifen bestreut servieren.
- Die Suppe hält sich 1 bis 2 Tage im Kühlschrank oder lässt sich einfrieren.

Austauschen Tomaten: Im Winter Tomaten aus dem Glas
Vollkornbuchstabennudeln: Bulgur, Hirse, Couscous

Tipp

Mit zwei klein geschnittenen Würstchen (mit den Tomaten ziehen lassen) oder 250 g Fischfilet wird die Suppe gehaltvoller.

Meggie Magnix

Grundrezept Gemüse-Cremesuppe

Damit machen Sie jeden Suppenkasper glücklich!

- Gemüse waschen, putzen und klein schneiden. Kartoffeln waschen, putzen, schälen und klein schneiden. Olivenöl mit 1 EL Wasser in einem Kochtopf erhitzen, das Gemüse darin anbraten und die Gemüsebrühe angießen.
- 10 Min. köcheln lassen. Kochtopf von der Herdplatte nehmen und das Gemüse pürieren. Milch hinzufügen, einmal aufkochen lassen und mit den Gewürzen abschmecken. Mit frischen Kräutern bestreuen
- Hält sich 2 Tage im Kühlschrank oder lässt sich einfrieren.

▶ 4 Portionen

150 g Gemüse
80 g Kartoffeln
1 EL Olivenöl
400 ml Gemüsebrühe
200 ml Milch
Salz | Pfeffer, frisch gemahlen
Muskat, Zitronensaft
frische Kräuter, gehackt

Austauschen

Kartoffeln: 20 g Weizen- oder Dinkelgrieß

Milch: 50 ml Sahne und 150 ml Wasser, Sojasahne, Hafersahne

Sie können Lauch, Blumenkohl, Champignons, Brokkoli, Kohlrabi, Rote Bete, Zucchini, Möhren, Sellerie, Pastinaken, Petersilienwurzeln und Kürbis für die Suppe verwenden. Zu den gelungenen Kombinationen zählen:

- Lauchsüppchen: Lauch, Kartoffel, Muskat, Schnittlauch
- Blumenkohlcremesuppe: Blumenkohl, Weizengrieß, Curry, Zitronensaft
- Rotes Cremesüppchen: Rote Bete, Kartoffel, Zimt, Balsamessig, geschlagene Sahne
- Zucchinicremesuppe: Zucchini, Kartoffel, Basilikum, Tomatenwürfel
- Kürbiscremesuppe: Möhre, Kürbis, Piment, Orangensaft
- Champignoncremesuppe: Champignons, Kartoffel, Knoblauch, Petersilie

Was dazu?

In Butter geröstete Brotwürfel

Kartoffelsuppe

Ein herbstlicher Eintopf, der allen schmeckt.

▶ 4 Portionen

500 g Kartoffeln
1 Stange Lauch
50 g Weizengrieß
1 l Gemüsebrühe
1 TL Curry, mild
1 TL Majoran, getrocknet
Salz | Pfeffer, frisch gemahlen
250 g Möhren
2 EL weißer Balsamessig
6 EL Sahne
1 Bund Petersilie

- Kartoffeln waschen, putzen, schälen und in 1 cm große Würfel schneiden. Lauchstange der Länge nach halbieren, unter fließendem Wasser abwaschen und in feine Ringe schneiden.
- Grieß in einem Topf ohne Fett anrösten, von der Herdplatte nehmen und unter Rühren die Gemüsebrühe angießen. Kartoffeln und Lauch dazugeben und 10 Min. köcheln lassen. Mit den Gewürzen abschmecken.
- Möhren waschen, putzen, fein reiben und zu der Suppe geben, 1 Min. ziehen lassen. Essig und Sahne unter die Suppe ziehen und mit gehackter Petersilie bestreut servieren.
- Hält sich 1 Tag im Kühlschrank.

Austauschen Kartoffeln: gleiche Menge Hokkaidokürbis
Lauch: 150 g Gemüsezwiebel, Zucchini
Weizengrieß: gleiche Menge Dinkelgrieß, Polenta, geschroteter Grünkern
Sahne: gleiche Menge Schmand, Crème fraîche
Für Fleischfans: Den Weizengrieß gegen150 g Rinderhackfleisch, kurz in Butterschmalz angebraten, austauschen.

Was dazu? Frisches Brot und Obstspieße zum Nachtisch.

Tomatencremesuppe mit Sahnehaube

Selbst kleine Suppenverweigerer werden hier schwach!

▶ 4 Portionen

800 g Tomaten · 1 kleine Zwiebel · 1 Knoblauchzehe · 2 EL Olivenöl · 2 TL Tomatenmark · 600 ml Gemüsebrühe · Kräutersalz, Basilikum frisch oder getrocknet · etwas Zucker · 100 ml Sahne · 4 Scheiben Vollkornbrot, fein gemahlen

- Die Tomaten waschen, die Stielansätze entfernen und die Haut oben kreuzförmig einschneiden. Die Tomaten mit kochendem Wasser übergießen. Nach 5 Min. mit kaltem Wasser abschrecken und enthäuten. Tomaten, Zwiebel und Knoblauch würfeln.
- Olivenöl mit 2 EL Wasser im Topf erhitzen, das Gemüse hinzufügen und kurz anbraten. Mit 600 ml Gemüsebrühe ablöschen und 6 Min. köcheln lassen. Die Suppe pürieren und eventuell durch ein Sieb geben, abschmecken. Die Sahne halb steif schlagen und je einen Löffel auf die Suppe geben. Das Brot toasten, in Streifen schneiden und zu der Suppe reichen.
- Die Suppe hält sich 2 Tage im Kühlschrank oder lässt sich einfrieren.

Austauschen Sahne: saure Sahne oder 50 g Kräuterfrischkäse mit 50 g Quark verrührt

Grundrezept Gemüsesauce

Zu Nudeln, Fisch oder Gemüse – Kinder mögen Saucen.

▶ 4 Portionen
1 Zwiebel
150 g Gemüse
1 – 2 TL Reismehl
30 ml Sahne
Salz | Pfeffer, frisch gemahlen
Oregano, Basilikum
frische Kräuter

- Zwiebel würfeln und in wenig Wasser glasig dünsten. Gemüse waschen, putzen, evtl. schälen, klein schneiden und zu der Zwiebel geben. 100 bis 150 ml Wasser angießen und bei geschlossenem Deckel bissfest garen.
- Das Gemüse sehr fein pürieren, das Reismehl einrühren und unter Rühren 2 bis 3 Min. köcheln lassen. Konsistenz evtl. mit Wasser bzw. Mehl korrigieren. Sahne dazugießen und mit den Gewürzen abschmecken.
- Hält sich 2 Tage im Kühlschrank oder lässt sich einfrieren.

Austauschen Wasser: gleiche Menge Gemüsebrühe, Gemüsewasser, Saft
Reismehl: gleiche Menge Maismehl oder Weizenmehl Type 1050 in etwas Wasser angerührt
Sahne: gleiche Menge Sojasahne, Schmand oder saure Sahne (Vorsicht, gerinnt schnell, wenn die saure Sahne zu stark erhitzt wird, die Sauce darf dann nicht mehr aufkochen.)
Zu den gelungenen Kombinationen zählen
- Möhre, Apfelsaft, Sahne, Curry
- Rote Bete, Gemüsebrühe, Schmand, Meerrettich
- Brokkoli, Wasser, Sahne, Tomatenmark
- Blumenkohl, Gemüsebrühe, Sahne, Bärlauch oder Schnittlauch
- Zucchini, Tomatensaft, Schmand, Basilikum
- rote Paprika, Zwiebel, Schmand, Oregano

Was dazu? Nudeln, Reis, Bulgur, Fleisch, Fisch

Kürbissauce

Die Farbe macht die Sauce zu einem Hit bei Kindern!

- Zwiebel würfeln und in der Butter und 2 EL Wasser glasig dünsten. Hokkaidokürbis waschen, vierteln, entkernen und grob würfeln. 130 g Kürbis zu der Zwiebel geben. Kurz mit andünsten. Mit Apfelsaft und 100 ml Wasser ablöschen und 10 Min. köcheln lassen.
- In der Zwischenzeit 20 g Kürbis in 0,5 cm große Würfel schneiden. Den gedünsteten Kürbis fein pürieren, Sahne und klein geschnittene Kürbiswürfel dazu geben und nochmals 5 Min. köcheln lassen.
- Mit den Gewürzen fein abschmecken und mit den Kürbiskernen dekorieren. Wenn Sie Kürbiskernöl im Haus haben, dann träufeln Sie 1 TL darüber, so schmeckt die Sauce noch nussiger.
- Hält sich 1 bis 2 Tage im Kühlschrank oder lässt sich einfrieren.

▶ 4 Portionen

1 Zwiebel
1 TL Butter
150 g Hokkaidokürbis
100 ml Apfelsaft
50 ml Sahne
Salz | Pfeffer, frisch gemahlen
Curry, evtl. Ingwer
1 EL Kürbiskerne, geröstet und gehackt
1 TL Kürbiskernöl

Austauschen
Hokkaidokürbis: gleiche Menge Möhre, Sellerie, Rote Bete
Apfelsaft: gleiche Menge Gemüsebrühe
Sahne: gleiche Menge saure Sahne oder Schmand
Kürbiskerne: gleiche Menge Kokoschips

Was dazu?
Nudeln, Reis, Dinkeltaler (S. 100), gedünsteter Fisch, Fischstäbchen (S. 104)

Béchamelsauce

Saucenklassiker, der sich wunderbar variieren lässt.

▶ **4 Portionen**

100 ml Wasser oder Gemüsebrühe · 200 ml Milch · 1 – 2 EL Reismehl · Salz, Muskat, Zitronensaft · 10 g Butter

- Die Milch samt Wasser bzw. Brühe aufkochen, das Reismehl einstreuen und unter Rühren 2 bis 3 Min. köcheln lassen. Mit den Gewürzen abschmecken und die Butter unterrühren.
- Hält sich 2 bis 3 Tage im Kühlschrank.

Austauschen

Milch: 50 ml Sahne mit 250 ml Wasser bzw. Gemüsebrühe mischen
Reismehl: gleiche Menge Maismehl oder in etwas Wasser angerührtes Weizenmehl Type 1050
Butter: 1 EL Raps- oder Olivenöl oder Sahne
Mit weiteren Zutaten lässt sich die Sauce einfach abwandeln:

- Tomatensauce: 2 EL Tomatenmark
- Käsesauce: 80 g geriebener Hartkäse oder 30 g Blauschimmelkäse
- Currysauce: 1 TL Curry
- Kräutersauce: 2 EL frische Kräuter
- Sauce zu Fisch: 1 TL Senf und 2 EL Dill, gehackt

Was dazu?

Blumenkohl, Brokkoli, Spinat, Mangold, Kohlrabi, Lasagne etc.

Tipp

Wenn Sie das Kochwasser vom Gemüse in der Sauce verarbeiten, bleiben Vitamine und Mineralstoffe, die während des Garens in das Wasser übergegangen sind, erhalten.

Möhrenmayonnaise

Diese leckere Mayonnaise wird ohne rohes Ei zubereitet.

▶ **4 – 6 Portionen**

2 Eigelb, gekocht · 1 – 2 EL Zitronensaft · 2 EL Olivenöl · 100 g Schmand · 100 g Quark · 100 ml Möhrensaft · Salz, Pfeffer

- Alle Zutaten gut pürieren oder in einen Mixbecher geben.
- Die Mayonnaise hält sich 5 Tage im Kühlschrank.

Austauschen

Zitronensaft: gleiche Menge Weißweinessig
Olivenöl: gleiche Menge Rapsöl oder Mandelöl
Schmand: gleiche Menge saure Sahne

Was dazu?

Rohkost, Dinkeltaler (S. 100), Fischstäbchen (S. 104)

Bolognesesauce mit Fleisch

Kinderklassiker

- Die Zwiebeln, den Knoblauch, die Möhren und den Staudensellerie putzen, evtl. schälen und klein würfeln.
- Butterschmalz in einer großen, hohen Pfanne erhitzen und das Fleisch darin 10 bis 15 Min. krümelig anbraten. Zucker, Tomatenmark, Thymian, Paprika, Salz und Pfeffer dazugeben und umrühren.
- Das geschnittene Gemüse hinzufügen, kurz mit anbraten und mit der Gemüsebrühe ablöschen. Das Tomatenpassata dazugeben, gut umrühren und bei mittlerer Hitze mindestens 1 Stunde garen. Alternativ bei 180 °C im Backofen schmoren.
- Vor dem Servieren das Olivenöl unterrühren.
- Hält sich 2 Tage gut abgedeckt im Kühlschrank und lässt sich einfrieren.

Austauschen Staudensellerie: Knollensellerie
Zucker: Honig
Tomatenpassata: 1 kg enthäutete und pürierte oder klein geschnittene frische Tomaten

Was dazu? Spaghetti

▶ 4 Portionen

1	Gemüsezwiebel
1	Knoblauchzehe
500 g	Möhren
4	Stangen Staudensellerie
1 EL	Butterschmalz
300 g	Rindergehacktes
1 EL	Zucker
2 EL	Tomatenmark
1 TL	Thymian
1 TL	Paprika, edelsüß
1 – 2 TL	Salz
	Pfeffer
300 ml	Gemüsebrühe
1 l	Tomatenpassata
3 EL	Olivenöl

Schnelle Tomatensauce

Mit Nudeln das Lieblingsessen vieler Kinder!

▶ 4 Portionen

100 g Tomatenmark · 2 – 3 TL Zucker · 50 ml Sahne · Salz, Pfeffer, Basilikum

- Tomatenmark und Zucker in einem Topf mit so viel Wasser vermischen, bis es eine cremige Konsistenz erreicht. Die Sauce unter Rühren einmal aufkochen lassen und 5 Min. bei geringer Temperatur köcheln lassen. Die Sahne einrühren und mit den Gewürzen abschmecken.
- Hält sich 2 Tage im Kühlschrank oder lässt sich einfrieren.

Was dazu? Nudeln, Reis, Bulgur, Getreidegerichte, bunte Reispfanne (S. 86)

Gemüsebolognese

Die fleischlose Bolognesevariante.

▶ 4 Portionen

300 g Gemüse (z. B. Möhre, Zucchini, Zwiebel, Tomate, Sellerie, Rote Bete, Kohlrabi) · 2 EL Olivenöl · 250 ml Gemüsebrühe · 80 g Tomatenmark · 1 TL Honig · 30 ml Sahne · Salz | Pfeffer, frisch gemahlen · Knoblauch, Paprika · Basilikum, Thymian

- Gemüse waschen, putzen und in sehr kleine Würfel schneiden. Olivenöl mit 3 EL Wasser erhitzen und das Gemüse darin andünsten. Gemüsebrühe angießen und ca. 3 – 5 Min. unter gelegentlichem Rühren bissfest garen. Mit Tomatenmark, Sahne, Honig und den Gewürzen kräftig abschmecken.
- Die Bolognese hält sich 2 Tage im Kühlschrank oder lässt sich einfrieren.

Austauschen Verwenden Sie die Bolognese für eine Gemüse-Lasagne! Einfach die doppelte Menge zubereiten und mit den Nudelplatten und Béchamelsauce (S. 124) schichten.

Was dazu? Nudeln, Getreidegerichte und Reis

▶ Gemüsebolognese

Tomaten-Dressing

Frisch und fruchtig – wunderbar zu Blattsalat.

▶ 4 Portionen

5 Tomaten · 20 ml Balsamessig · 50 ml Olivenöl · 50 ml Rapsöl · 1 EL Akazienhonig · ½ TL Salz · Pfeffer

- Tomaten waschen, putzen, vierteln und mit den restlichen Zutaten gut durchpürieren.
- Hält sich, in ein Schraubglas gefüllt, 6 Tage im Kühlschrank.

Was dazu? Sommerliche Blattsalate, geraspelter Kohlrabi oder Zucchini, Weißkohl, gehobelt

Tipp

Geben Sie 1 EL von dieser Tomatensalatsauce auf ein im Backofen geröstetes Brot! Mit Knoblauch und Basilikum wird's besonders raffiniert.

Möhren-Avocado-Dressing

Ideal zu Rohkost und Blattsalaten.

▶ 4 Portionen

150 ml Möhrensaft · 50 ml Rapsöl · 25 ml Olivenöl · ½ Avocado · 2 – 3 EL Zitronensaft · ½ TL Salz

- Alle Zutaten pürieren, sodass eine sämige Sauce entsteht.
- Das Dressing hält sich 3 Tage im Kühlschrank.

Austauschen Avocado: 2 – 3 EL Quark, 20% Fett i. d. Tr.
Zitronensaft: Balsamessig, weiß

Was dazu? Feldsalat, sommerliche Blattsalate, geraspelte Möhren, Weißkohl, gehobelt, Kohlrabi

Schnelles, fruchtiges Ketchup

Ketchup lieben alle Kinder – auch die gesündere Variante!

- Den Apfel waschen, vierteln und entkernen. Zwiebel abziehen. Beides in kleine Würfel schneiden und 5 bis 10 Min. in wenig Wasser weich garen. Das Wasser abgießen und aufbewahren, Apfel und Zwiebel zusammen mit dem Tomatenmark sehr fein pürieren.
- Sollte das Ketchup zu fest sein, dann etwas von dem Dünstwasser hinzugeben. Mit den Gewürzen abschmecken. Fertiges Ketchup in ein heiß ausgespültes Schraubglas füllen. Kühl stellen. Hält sich 3 bis 4 Wochen im Kühlschrank oder lässt sich einfrieren – dann das Glas bis 3 cm unter den Rand füllen, so platzt es nicht!

► 4 – 6 Portionen

1 kleiner, süßer Apfel
1 Zwiebel, gleiche Größe wie der Apfel
125 g Tomatenmark
1 Msp. Zimt
1 Msp. Curry
½ TL Salz
evtl. Akazienhonig oder Zucker

Was dazu? Pommes frites (S. 103), Salat, Möhrenwaffeln (S. 94), Dinkeltaler (S. 100), Fischstäbchen (S. 104), Fisch-Kartoffel-Monde (S. 103)

Omas Pudding

Nach Lust und Laune zu variieren!

▶ 4 Portionen

500 ml Milch · 60 – 80 g Reismehl · je nach Sorte: Vanille, Zimt, Kakao oder Zitronenabrieb · 2 EL Akazienhonig · 80 g Sahne

- Milch mit Reismehl 2 bis 3 Min. unter Rühren kochen. Gewürze und Honig dazugeben und die Creme auskühlen lassen. Sahne steif schlagen und unter die Creme ziehen.
- Hält sich 2 bis 3 Tage im Kühlschrank.

Austauschen Milch: gleiche Menge Sojadrink, Reisdrink oder Saft
Reismehl: gleiche Menge Maismehl
Akazienhonig: gleiche Menge Zucker

Alternativen Zu den besten Kombinationen zählen:
- Zitronenpudding: Milch, Reismehl, Vanille, Zitronenabrieb
- Schokoladenpudding: Milch, Maismehl, 50 g Zartbitterschokolade, 1 EL Kakao
- Apfelcreme: Apfelsaft, Reismehl, Vanille, Zitronenabrieb, 2 pürierte Äpfel
- Erntedankpudding: Birnensaft, Maismehl, Zimt, 150 g pürierte Pflaume
- Nusscreme: Milch, Reismehl, 1 EL Kakao, 50 g geröstete und geriebene Haselnüsse

Was dazu? Obstsalat oder Beerensauce

Schokoladentraum

Luftig und schokoladig – wer kann da widerstehen?

▶ 4 Portionen

50 g Zartbitterschokolade · 200 g Sahne · 1 EL Zucker

- Alle Zutaten in eine Schüssel geben und sehr langsam im Wasserbad schmelzen lassen, in einen Pürierbecher füllen und abgedeckt mindestens 24 Stunden kühl stellen. Mit dem Handrührgerät auf kleiner Stufe langsam schaumig schlagen.
- Hält sich 1 bis 2 Tage im Kühlschrank.

Was dazu? Waffelherzchen (S. 149), Obstspieße, Obstteller oder Früchtefondue (S. 141). Im Sommer passen Erdbeeren dazu.

Tipp

Schokoladentraum ist wie Mousse au Chocolat – nur ohne rohe Eier. Die Portionen sollten klein ausfallen, da das Dessert sehr reichhaltig ist.

Apfelsahne im Himbeermeer

Versorgt im Winter mit Vitaminen.

- Sahne mit Akazienhonig oder Zucker und Vanillezucker steif schlagen. Äpfel waschen, putzen, grob raspeln und sofort unter die Sahne ziehen. Zitronenabrieb und Kokosraspel unterheben. Apfelsahne kühl stellen. Himbeeren pürieren, evtl. süßen und durch ein Sieb streichen.
- 2 bis 3 EL Himbeersauce auf einem Teller verteilen. Mit einem Eisportionierer oder Schöpflöffel die Apfelsahne mittig aufsetzen. Anschließend mit den Zitronenmelisseblättern garnieren.
- Hält sich 1 bis 2 Tage im Kühlschrank.

Austauschen
Sahne: gleiche Menge glatt geschlagener Quark, 20% Fett i. d. Tr.
Kokosraspeln: gleiche Menge geriebene Mandeln oder Haselnüsse
Himbeeren, tiefgekühlt: gleiche Menge frische Himbeeren, Blaubeeren, Aprikosen oder Pflaumen

▶ 4 Portionen

für die Apfelsahne:
200 ml Sahne
2 EL Akazienhonig oder Zucker
1 Päckchen Vanillezucker
3 feste Äpfel, süßsauer
1 TL Zitronenabrieb
2 EL Kokosraspel
Zitronenmelissenblätter

für die Sauce:
150 g Himbeeren, tiefgekühlt
evtl. etwas Zucker

Tipp

Geben Sie die Apfelsahne für 15 Min. ins Tiefkühlfach und servieren Sie die Himbeersauce heiß! Und wenn es einmal schnell gehen soll, nehmen Sie einfach 500 g Apfelmark (aus dem Bioladen) und ziehen darunter die Sahne!

Karl Kaufaul

Rote Grütze mit Joghurtsauce

Ein Dessert-Klassiker mit vielen Vitaminen.

▶ 4 Portionen

für die Grütze: 600 g Beeren und Kirschen, frisch oder tiefgekühlt · 4 EL Zitronensaft · 500 ml Kirsch- oder Traubensaft · 100 g Zucker · 80 g Maismehl

für die Joghurtsauce: · 250 g Joghurt · 50 ml saure Sahne · 20 g Zucker · 1 Päckchen Vanillezucker

- Beeren waschen und putzen. Kirschen entkernen. Früchte mit Zitronensaft, Zucker und 250 ml des Saftes aufkochen. Topf von der Herdplatte nehmen.
- Maismehl mit 250 ml Saft glatt rühren, zu der Fruchtmasse geben und unter Rühren nochmals aufkochen, 3 Min. ausquellen lassen und in einer Schüssel auskühlen lassen. Für die Joghurtsauce alle Zutaten glatt rühren und dazu die Grütze servieren.
- Hält sich 2 bis 3 Tage im Kühlschrank.

Austauschen roter Saft: gleiche Menge Früchtetee
Zucker: 80 g Honig
Maismehl: Reismehl

Kokos-Milchreis

Für kleine Schleckermäuler.

▶ 4 Portionen

200 g Vollkorn-Rundkornreis · 200 ml Kokosmilch · 1 Vanillestange · 1 Stück Zitronenschale · 50 g Akazienhonig

- Vollkornreis in 400 ml Wasser 10 Min. köcheln lassen. Dann die Kokosmilch und weitere 400 ml Wasser sowie die Vanillestange und das Stück Zitronenschale hinzufügen.
- Bei geringer Hitze ca. weitere 40 bis 50 Min. unter gelegentlichem Rühren garen. Sollte der Milchreis zu fest geworden sein, noch ein wenig Wasser hinzufügen.
- Den Akazienhonig in den noch heißen Milchreis einrühren.
- Hält sich 2 bis 3 Tage gut abgedeckt im Kühlschrank, wird aber mit der Zeit fester.

Austauschen Vollkorn-Rundkornreis: geschälter Milchreis, dieser benötigt ca. 200 ml weniger Wasser
Kokosmilch: Vollmilch, dann den Reis mit 400 ml Wasser angaren und 600 ml Vollmilch dazugeben
Akazienhonig: Zucker

Was dazu? Klassisch: warm mit heißer Butter und Zimt und Zucker. Im Sommer mit Beeren, im Winter mit Apfelmus oder heißen Kirschen oder Pflaumen.

Hirsebrei mit Obst

Warm und gut bekömmlich.

► 4 Portionen
200 g Hirse · 250 – 300 ml Milch · 6 Datteln, ohne Stein

- Hirse in einem Sieb waschen und mit 250 ml Wasser aufkochen, anschließend ca. 10 bis 15 Min. mit geschlossenem Deckel köcheln lassen.
- Die Milch angießen und weitere 10 Min. ohne Deckel bei mittlerer Hitzezufuhr weitergaren.
- Die Datteln sehr klein schneiden und in den letzten 6 Min. der Kochzeit hinzu geben. Wenn die Frühstückshirse zu fest ist, noch etwas Milch hinzugeben, sie soll eine breiartige Konsistenz haben. Die Hirse sofort servieren.

Austauschen

Milch: Hafer- oder Reisdrink

Was dazu?

Im Winter ein Salat aus geraspelten Äpfeln, Kiwi und Mandarine, im Sommer Himbeeren und Erdbeeren

Apfelcrumble

Super einfach, super lecker.

▶ **4–6 Portionen**

1 kg Äpfel · 1 EL Akazienhonig · 2 EL Zitronensaft · evtl. 50 g Rosinen

für die Streusel: 100 g Butter, flüssig · 70 g Zucker · 150 g Weizenmehl (Type 1050)

- Äpfel waschen, putzen und in sehr dünne Scheiben schneiden. Apfelscheiben in eine Auflaufform legen. Apfeldicksaft und Zitronensaft verrühren und über die Äpfel träufeln.
- Den Backofen auf 180 Grad Ober-/Unterhitze vorheizen. Für die Streusel die Zutaten mit einem Kochlöffel verrühren und mit den Fingern locker auf den Äpfeln verteilen. Auflauf ca. 30 Min. backen.
- Der Apfelcrumble hält sich 2 Tage.

Austauschen Äpfel: gleiche Menge Birnen, Aprikosen, Pflaumen
Rosinen: Cranberries

Was dazu? Schlagsahne oder Joghurtsauce

Tipp

Mit Zimt bestäubt und mit 80 g Honigmarzipan schmeckt der Crumble schön weihnachtlich.

Obstkompott

Schmeckt immer und ist schnell gemacht.

▶ **4 Portionen**

500 g Obst (Pflaumen, Aprikosen, Rhabarber, Äpfel) · 30–50 g Zucker oder Honig

- Obst waschen, putzen, klein schneiden und mit den restlichen Zutaten einmal aufkochen. Zugedeckt auf der Herdplatte auskühlen lassen.

Bananen-Schoko-Nachtisch

Ein kalziumreiches Dessert für Schokoliebhaber.

▶ 4 Portionen

2 – 3 reife Bananen · 500 g Quark · 100 g Joghurt · 2 EL Kakao, stark entölt · 1 – 2 EL Honig · 2 Riegel Schokolade

- Bananen pürieren und mit Quark und Joghurt verrühren. Kakao über die Quarkmasse sieben, ebenfalls unterrühren. Die Schokolade grob reiben und mit dem Honig unter die Creme ziehen.
- Hält sich 1 Tag im Kühlschrank.

Austauschen: Honig: die gleiche Menge Zucker, Agavendicksaft oder Ahornsirup
Mit Magerquark schmeckt das Dessert säuerlich. 20-prozentiger Quark ist cremiger.

Tipp

Eine gute Möglichkeit, reif gewordene Bananen und übrig gebliebene Schokoladenosterhasen und Nikoläuse zu verarbeiten.

Quarkauflauf mit Obstschatz

Schmeckt warm und kalt sehr gut!

▶ 4 Portionen

200 g Früchte (Kirschen, Pflaumen, Aprikosen, Orangenfilets oder Birnen) · 3 Eier · 60 g Zucker · 1 TL Zitronensaft · 500 g Quark · 50 ml Sahne · 1 Päckchen Vanillezucker · 20 g Reis-, Maismehl oder Weizengrieß · Butterschmalz für die Form

- Früchte waschen, putzen und in mundgerechte Stücke schneiden. Backofen auf 180 Grad Ober-/Unterhitze vorheizen. Eier trennen und die Eigelbe mit Zucker schaumig rühren. Zitronensaft, Quark, Sahne, Vanillezucker und das Mehl nach und nach unterrühren.
- Eiweiß zu Schnee schlagen, aber nicht zu steif (sonst lässt es sich nicht gut unterheben) und unter die Quarkmasse ziehen. Eine Auflaufform ausfetten, die Masse einfüllen und die Früchte darin versinken lassen. In 20 bis 30 Min. goldbraun backen. Sofort servieren – schmeckt aber auch am nächsten Tag kalt!

Austauschen Reismehl: 30 bis 40 g gemahlene Mandeln

Tipp

Mit einem großen Salat oder einer Suppe vorweg ist der Quarkauflauf ein wunderbares Hauptgericht.

Meggie Magnix

Beeren-Halbgefrorenes

Für alle, die Farbe lieben.

▶ 4 Portionen
200 g Himbeeren, gefroren · 200 g Joghurt · 1 – 2 EL Zucker · 1 Päckchen Vanillezucker

- Alle Zutaten in einem Mixbecher aufmixen und sofort servieren!

Was dazu? Waffeln (S. 149), zarte Butterkekse (S. 145)

Tipp

Wenn Sie zu viele reife Bananen haben: Die Bananen schälen, in 2 cm lange Stücke schneiden und einfrieren. Mit den restlichen Zutaten aufmixen und evtl. mit klein geschnittener Schokolade verzieren.

Erdbeer-Joghurt-Stieleis

Die Sahne macht das Fruchteis wunderbar mild.

▶ 4 Portionen
125 g Erdbeeren · 50 g Puderzucker · 100 g Naturjoghurt · 50 ml Sahne

- Alle Zutaten gut pürieren und in 4 bis 6 Eis-am-Stiel-Formen füllen. Im Tiefkühlgerät mehrere Stunden durchfrieren lassen.

Austauschen Erdbeeren: gleiche Menge andere Beeren, Pfirsich oder Nektarine

Himbeer-Stieleis

Super für den Kindergeburtstag!

▶ 4 Portionen

125 g Himbeeren · 100 g Puderzucker · 2 EL Zitronensaft

- Himbeeren pürieren und durch ein Sieb streichen. Das Himbeerpüree mit 125 ml Wasser, dem Puderzucker und dem Zitronensaft gut verrühren. Die Fruchtmasse in 6 bis 8 Eis-am-Stiel-Formen füllen und im Tiefkühlgerät mehrere Stunden gut durchfrieren lassen.

Austauschen	Himbeeren: Erd- oder Brombeeren, Aprikosen, Pfirsich oder Kiwi

Tipp

Falls Sie keine Stieleisform besitzen, füllen Sie die Flüssigkeit einfach in Eiswürfelbehälter und stecken Sie halbierte Trinkhalme in die halbgefrorenen Eiswürfel.

Grießpudding

Schön klassisch und so lecker wie von Oma.

- Die Milch mit Zucker, Vanillezucker und Salz aufkochen. Den Grieß in die Milch einrühren und unter Rühren 2 bis 3 Min. köcheln lassen, von der Herdplatte nehmen und kurz auskühlen lassen. Backofen auf 160 Grad Ober-/Unterhitze vorheizen.
- Die Eier trennen. Das Eigelb unterrühren, Eiweiß zu Schnee schlagen und vorsichtig unterziehen. Die Masse in eine mit kaltem Wasser ausgespülte Pudding- oder Gugelhupfform füllen und in eine mit Wasser gefüllte Auflaufform stellen. Das Wasser sollte in der Höhe mindestens die Hälfte des Puddings erreichen. 30 Min. backen, in der Form auskühlen lassen und stürzen.
- Hält sich 2 bis 3 Tage im Kühlschrank.

Austauschen:
Zucker: gleiche Menge Honig
Vanillezucker: eine Messerspitze Zimt oder etwas Zitronenabrieb
Weizenvollkorngrieß: gleiche Menge Dinkelvollkorngrieß oder Maisgrieß (Polenta)
Grießschnitten: Grießpudding in Scheiben schneiden und in Butter braten.

Was dazu? Im Herbst Pflaumenkompott, im Winter roh püriertes Apfelmus, im Frühling Rhabarberkompott und im Sommer frische Beeren.

▶ 4 Portionen

500 ml Milch
30 g Zucker
1 Päckchen Vanillezucker
1 Prise Salz
60 g Weizenvollkorngrieß
2 Eier

Tipp

Wenn Sie im Winter eine Suppe und im Sommer Gemüse und Dips vorweg servieren, ist das Mittagessen komplett.

Bunte Obst-Spieße mit Krokant

Eine prima Möglichkeit, Obst in Kinder zu befördern.

▶ Reicht für eine ganze Geburtstagsgesellschaft

100 g Haselnüsse, gehackt
10 g Butter
1 EL Akazienhonig oder Zucker
500 g Obst (Banane, Apfel, Birne, Melone, Kiwi, Erdbeere)
Holzspieße

Tipp

Obstspieße eignen sich ganz wunderbar für Kindergeburtstage und könnten dann auch mit einem Klecks Schlagsahne oder Schokoladentraum verfeinert werden.

- Für den Krokant die Haselnüsse trocken in einer Pfanne anrösten, Butter und Honig bzw. Zucker hinzugeben und leicht karamellisieren lassen. Krokant auf einen flachen Teller geben und kalt werden lassen.
- Obst waschen, putzen, wenn erforderlich schälen, in mundgerechte Stücke schneiden und farblich abgestimmt aufspießen. Auf einer Platte anrichten. Mit einem Nudelholz den Krokant klein stoßen, über Obstspieße verteilen und innerhalb von 2 bis 3 Stunden servieren.
- Der Krokant hält sich einem Schraubglas mehrere Wochen.

Austauschen Haselnüsse: Mandeln oder Kokosraspel

Was dazu? Schokoladentraum (S. 130), süße Avocadocreme (S. 79)

Früchtefondue

Schon die Kleinsten können mitmachen!

- 450 ml Milch in einem Topf aufkochen. Stärke, Vanillezucker, Zucker und die restlichen 50 ml Milch getrennt anrühren und in die heiße Milch geben. Einmal aufkochen lassen und etwas abkühlen. Magerquark mit dem lauwarmen Pudding vermischen und kalt stellen.
- Mandeln in einer Pfanne leicht rösten. Butter und Zucker dazugeben und unter ständigem Wenden die Mandeln karamellisieren. Vorsicht, sie dürfen nicht zu braun werden! Auf einem Teller abkühlen lassen.
- Obst in mundgerechte Stücke schneiden und dann auf einer Platte verteilen. Krokant, Schokostreusel und Kokosraspel in Schälchen verteilen. Nun bekommt jeder eine lange Gabel oder einen Holzspieß, spießt damit ein Stück Obst auf, fährt durch die Vanillecreme und entscheidet sich für Krokant, Schokostreusel oder Kokosraspel!

Tipp

Süße Avocadocreme und Schokoladentraum eignen sich hier auch. Probieren Sie auch einmal die herzhafte Variante: Machen Sie anstelle der Vanillecreme einen Kräuterquark, eine Avocadocreme und Möhrenmayonnaise, schneiden Sie viel Gemüse der Saison auf und tauchen Sie es in geröstete Sonnenblumenkerne, klein gehackte Oliven oder getrocknete Tomaten.

▶ 4 – 8 Portionen

für die Creme:

500 ml Milch
30 g Stärke
2 Päckchen Vanillezucker
4 EL Zucker
650 g Magerquark

für das Krokant:

100 g Mandeln, gehackt
15 g Butter
1 EL Zucker

für die Spieße:

1,2 kg Obst (Banane, Apfel, Kiwi, Melone, Erdbeeren, Aprikosen etc.)
50 g Schokoladenstreusel
50 g Kokosraspel

Meggie Magnix

Dinkelstangen

Gut verpackt lange haltbar – gut zum Kauenüben.

▶ ca. 20 Stück
½ Würfel Hefe
150 ml Wasser, lauwarm
½ TL Salz
250 g Dinkelvollkornmehl
20 ml Rapsöl

- Hefe in etwas Wasser auflösen, das restliche Wasser und das Salz hinzugeben. Mehl einarbeiten und zum Schluss das Rapsöl unterkneten. 2 Min. kneten, Feuchtigkeit überprüfen (der Teig sollte eher etwas fester sein), evtl. mit Wasser oder Mehl korrigieren und weitere 8 Min. kneten (Küchenmaschine insgesamt 7 Min.).
- 45 Min. zugedeckt an einem warmen Ort gehen lassen. Den Backofen auf 200 Grad Ober-/Unterhitze vorheizen. Ein Stück Teig, ungefähr von der Größe einer kleinen Aprikose, zu einer Kugel formen und dann mit der flachen Hand auf der Arbeitsfläche zu einer etwa 20 cm langen Teigrolle mit einem Durchmesser von 0,8 bis 1 cm formen.
- Die Teigrollen auf ein mit Backpapier ausgelegtes Blech legen und sofort (ohne zweite Gehzeit) abbacken. 10 Min. bei 200 Grad und weitere 15 bis 20 Min. bei 180 Grad backen.
- Die Dinkelstangen halten sich einer Dose mehrere Wochen.

Austauschen Dinkelvollkornmehl: gleiche Menge Weizenvollkornmehl
Rapsöl: gleiche Menge Olivenöl

Tipp
Für schon größere Kinder können Sie die Dinkelstangen in Sesam oder Mohn wenden und dann mit verschiedenen Dips anbieten.

Müsli-Apfel-Brötchen

Besonders saftig und natürlich süß.

▶ **12 kleine Brötchen**

1 Würfel Hefe
250–300 ml Milch, lauwarm
½ TL Salz
1 EL Honig
500 g Weizenvollkornmehl
150 g Früchte-Müsli
150 g Apfel, grob geraspelt

- Hefe in etwas Milch auflösen, restliche Milch und Salz hinzufügen und mit den anderen Zutaten zu einem Teig rühren. 2 Min. kneten, Feuchtigkeit überprüfen und evtl. mit etwas Milch oder Mehl korrigieren, weitere 8 Min. kneten (Küchenmaschine insgesamt 7 Min.). Zugedeckt 1 Stunde gehen lassen.
- Den Teig noch einmal kräftig durchkneten, etwa 12 kleine Brötchen formen und diese auf ein mit Backpapier ausgelegtes Blech setzen. Nochmals etwa 10 bis 15 Min. gehen lassen, bis sich an der Oberfläche Poren bilden. Backofen auf 180 Grad Ober-/Unterhitze vorheizen. Die Brötchen in den Backofen schieben und etwa 10 bis 15 Min. backen. Auf einem Gitter auskühlen lassen.
- Die Brötchen schmecken am besten frisch aus dem Ofen, lassen sich aber auch gut verpackt 2 Tage aufbewahren.

Austauschen
Milch: gleiche Menge Sojadrink, Reisdrink, Apfelsaft
Weizenvollkornmehl: gleiche Menge Dinkelvollkornmehl oder Weizenvollkornmehl Type 1050
Früchte-Müsli: gleiche Menge Nussmüsli, grobe Haferflocken
Apfel: gleiche Menge Birne, Möhre

Was dazu?
Bestreichen Sie die Brötchen mit Quark und bestreuen Sie diesen mit etwas Zimt und Zucker. Dazu gibt's einen großen Obstteller!

Tipp

Möchten Sie nicht alle Müsli-Apfel-Brötchen auf einmal essen, backen Sie sie nur 7 Min., nehmen Sie sie aus dem Backofen und befeuchten Sie die Brötchen mit Wasser. Dann abdecken und spätestens 24 Stunden später erneut mit Wasser befeuchten und im vorgeheizten Backofen weitere 7 Min. backen oder nach dem ersten Befeuchten einfrieren, kurz antauen lassen und dann aufbacken.

Zarte Butterkekse

Schön mürbe und auch problemlos pikant abzuwandeln.

- Alle Zutaten zügig zu einem glatten Mürbeteig verkneten. 2 Rollen (25 cm lang, Durchmesser 3 cm) formen, diese einzeln in Pergamentpapier oder Folie verpacken und für mindestens eine Stunde in den Kühlschrank legen.
- Den Backofen auf 180 Grad Umluft vorheizen. Mit einem scharfen Sägemesser 0,5 cm dünne Scheiben aufschneiden und diese auf 2 mit Backpapier ausgelegte Bleche verteilen und etwa 10 bis 15 Min. goldbraun backen. 3 bis 4 Min. auf dem Blech ruhen und dann auf einem Gitter auskühlen lassen.
- Die Kekse halten sich mehrere Wochen in einer gut verschlossenen Dose. Sie können die Teigrollen auch roh einfrieren, kurz antauen lassen, aufschneiden und backen, sodass Sie immer ganz frisches Gebäck haben.

Austauschen Mandeln: gleiche Menge Haselnüsse oder Kokosraspel oder Vollkornmehl
Weizenvollkornmehl: gleiche Menge Dinkelvollkornmehl oder Weizenmehl Type 1050

Alternative Käsekekse: Mandeln gegen 150 g geriebenen Hartkäse ersetzen, den Zucker und die Gewürze weglassen und stattdessen mit Rosmarin, Kümmel oder Paprika würzen.

▶ **ca. 100 Stück**

100 g Mandeln, gemahlen
300 g Weizenvollkornmehl
2 Eigelb
80 g Zucker
200 g Butter
Vanille
Zimt

Tipp

Sie können den Teig auch ausrollen und dann Formen ausstechen.

Mascarpone-Schokoladenmuffins

Auf jedem Kindergeburtstag der Renner.

▶ 12 – 15 Muffins

für den Teig:
- 150 g Weizenvollkornmehl
- 120 g Zucker
- 3 EL Kakao, stark entölt
- 2 TL Backpulver
- 75 ml Butter
- 1 Ei
- 180 ml Milch

für die Füllung:
- 100 g Mascarpone
- 1 Päckchen Vanillezucker
- Papierförmchen für die Muffins

- Mehl, Zucker, Kakao- und Backpulver gut vermischen. Die Butter schmelzen. Ei, Milch und Butter verquirlen. Den Backofen vorheizen auf 170 Grad Ober-/Unterhitze. Mehlmasse und Eiermilch mit einem Schneebesen schnell zu einem glatten und eher flüssigen Teig verrühren.
- Mascarpone mit Vanillezucker glatt rühren. 12 bis 15 Papierförmchen zur Hälfte mit Teig befüllen, eine teelöffelgroße Kugel Mascarpone in die Teigmitte setzen, mit dem restlichen Teig auffüllen. Etwa 20 Min. backen.
- Schmecken am besten direkt aus dem Ofen, halten sich aber auch 1 bis 2 Tage in der Dose.

Austauschen:
Weizenvollkornmehl: gleiche Menge Dinkelvollkornmehl oder Weizenmehl Type 1050
Butter: gleiche Menge Mandelöl oder Haselnussöl
Mascarpone: 50 g Quark und 50 g Frischkäse vermischen oder eine kleine Marzipankugel

Haferkekse

Schmecken so schön knusprig!

▶ 60 – 70 Kekse

200 g Butter · 500 g grobe Haferflocken · 100 g Sonnenblumenkerne · 100 g Zucker · 2 Eier · 2 Päckchen Vanillezucker

- Butter schmelzen lassen und mit den Haferflocken, den Sonnenblumenkernen und dem Zucker locker vermengen. Eier in einer Tasse verquirlen und unter die Haferflockenmischung ziehen. Backofen auf 180 Grad Umluft vorheizen. Mit 2 Teelöffeln sehr lockere Teighäufchen auf ein mit Backpapier ausgelegtes Blech setzen und in 10 Min. goldbraun backen. Auf einem Gitter abkühlen lassen. Ergibt zwei Bleche mit 60 bis 70 Keksen.
- Halten sich mehrere Wochen in einer Dose.

Austauschen Sonnenblumenkerne: gleiche Menge Sesam oder gehackte Mandeln oder Kokosraspel
Vanillezucker: ½ TL Zimt oder Zitronenabrieb

Cranberry-Schnitten

Schön fruchtig und kernig – zum Reinbeißen!

▶ ca. 60 Schnitten

200 g Butter · 150 g Zucker · 4 EL Birnendicksaft · 300 g grobe Haferflocken · 100 g Sesam · 120 g Cranberries, getrocknet · 2 TL Zitronensaft · 1 Msp. Zitronenschale

- Den Backofen auf 180 Grad Ober-/Unterhitze vorheizen. Butter in einem großen Topf schmelzen. Zucker und Birnendicksaft hinzugeben und 2 bis 3 Min. verrühren. Restliche Zutaten untermengen. Masse auf ⅔ eines mit Backpapier ausgelegten Blechs (mit Aluminiumfolie abteilen) verteilen und in 18 bis 20 Min. goldbraun backen. Sofort nach dem Backen mit einer Teigkarte oder einem Messer Rechtecke (2 cm × 3 cm) andrücken. Auskühlen lassen und die Rechtecke durchschneiden.
- Halten sich, mit Zwischenpapier geschichtet, mehrere Wochen in einer Dose.

Austauschen Birnendicksaft: Rübenkraut
Sesam: Sonnenblumenkerne, Buchweizen als ganzes Korn
Cranberries: Sauerkirschen, Rosinen, Pflaumen, gewürfelt

Waffeln mit Fruchtquark

Ein Kinderklassiker mit Obst im Quark – hmm!

- Für den Teig alle Zutaten miteinander glatt rühren und etwa 20 Min. quellen lassen. Quark, Joghurt und Honig glatt rühren. Früchte waschen, putzen, klein schneiden oder pürieren und unter die Quarkmasse geben. Mit den entsprechenden Gewürzen abschmecken (siehe unten). Waffeln goldbraun backen und mit dem Quark servieren.
- Die Waffeln schmecken frisch am besten, lassen sich aber 1 bis 2 Tage im Kühlschrank aufbewahren oder einfrieren. Dann im Toaster einfach wieder aufbacken.

Austauschen Dinkelvollkornmehl: gleiche Menge Weizenvollkornmehl oder Weizenmehl Type 1050 oder 150 g Dinkel- bzw. Weizenvollkornmehl mit 100 g Maismehl gemischt

Welches Gewürz passt zu welcher Obstsorte?

- Blaubeeren oder Himbeeren mit Zitronenschale
- Pflaumen oder Kirschen mit Vanille und Zimt
- Aprikosen mit Minze
- Mandarinen mit Kakao
- Bananen mit Schokoladenstreusel

▶ 6 – 8 Waffeln

für den Teig:

125 g Butter, geschmolzen
250 g Dinkelvollkornmehl
1 TL Backpulver
250 ml Milch
2 – 3 Eier
3 EL Zucker

für die Quarkcreme:

500 g Quark
100 ml Joghurt
2 EL Akazienhonig
250 g Früchte (z. B. Himbeeren, Blaubeeren, Kirschen, Erdbeeren, Bananen)
Vanille, Zitronenabrieb, Zimt, Kakao
Schokoladenstreusel
etwas Minze

Kuchen aus Rührteig

1 Teig und zahllose Variationen.

▶ **12–16 Stück**

200 g weiche Butter
100 g Akazienhonig
3 Eigelb
400 g Weizenvollkornmehl
2 TL Backpulver
1 Prise Salz
Gewürze (Zitronenabrieb, Kakao, Vanille etc.)
180 ml Milch
Butterschmalz für die Form
3 Eiweiß

- Butter, Honig und Eigelb mit dem Handrührgerät sehr schaumig rühren. Mehl, Backpulver, Salz und die Gewürze vermischen und abwechselnd mit der Milch mit einem Kochlöffel unter die Buttermasse einrühren, bis die Masse schwer reißend vom Kochlöffel fällt.
- Backofen auf 175 Grad Ober-/Unterhitze vorheizen. Backform einfetten oder mit Backpapier auslegen. Eiweiß zu Schnee schlagen – nicht zu steif, sonst lässt er sich nicht gut unterarbeiten. Eischnee unter den Teig ziehen.
- Teig in die Form füllen und etwa 45 Min. bis 1 Stunde backen. Der Kuchen ist gar, wenn an einem in den Kuchen gesteckten Holzstäbchen kein Teig mehr hängen bleibt. Kuchen in der Form 10 Min. auskühlen lassen und erst dann aus der Form nehmen.
- Der Kuchen hält sich mehrere Tage oder lässt sich einfrieren.

Austauschen

Akazienhonig: gleiche Menge Zucker
Weizenvollkornmehl: gleiche Menge Dinkelvollkornmehl oder Weizenmehl Type 1050
Milch: gleiche Menge Apfel- oder Birnensaft, Wasser

Alternativen

Ob Marmor- oder Zitronenkuchen – Sie können das Rezept nach Lust und Laune beliebig variieren.

- Rosinenkuchen: Zusätzlich 50 g eingeweichte Rosinen unterziehen.
- Nusskuchen: Das Mehl zur Hälfte durch gemahlene Haselnüsse oder Mandeln ersetzen.
- Zitronenkuchen: Weizenmehl Type 1050 verwenden und 3 EL Zitronensaft und 1 TL Zitronenabrieb einarbeiten, mit Zitronenzuckerguss verzieren.
- Obstkuchen: Dieses Rezept reicht für ein ganzes Blech! Im Grundrezept die Flüssigkeit um mindestens 50 ml reduzieren und den Teig mit Äpfeln, Birnen, Kirschen, Aprikosen oder Pflaumen belegen.
- Marmorkuchen: Die Hälfte des Teiges mit 2 bis 3 EL Kakao verrühren.

Karl Kaufaul

Justus

Erdbeerkuchen

Ein herrlicher Sommerkuchen für die ganze Familie!

- Die Eier trennen. Die Butter schmelzen. Eigelb, Honig, flüssige Butter und den Orangensaft mit dem Handrührgerät in etwa 10 Min. weiß cremig schlagen. Den Backofen auf 160 Grad Ober-/Unterhitze vorheizen.
- Das Eiweiß nicht zu steif zu Schnee schlagen und im Wechsel mit dem Mehl vorsichtig unter die Eigelb-Masse heben. Die Masse auf ein mit Backpapier ausgelegtes Blech gleichmäßig verteilen und etwa 30 Min. backen.
- Nach dem Backen den Boden sofort auf ein Kuchengitter geben und auskühlen lassen. Die Erdbeeren waschen, putzen und den Stielansatz entfernen. Sollten die Erdbeeren zu nass sein, dann auf einem frischen Küchenhandtuch auslegen und vorsichtig trocken tupfen.
- Für die Creme alle Zutaten mit dem Schneebesen oder Handrührgerät verrühren und gleichmäßig auf dem ausgekühlten Boden verstreichen. Die Erdbeeren mit der Spitze nach oben dicht auf den Boden setzen. Mit Melissenblättern dekorieren.

Austauschen

Butter, flüssig: gleiche Menge Mandelöl oder geröstetes Haselnussöl
Weizenvollkornmehl: gleiche Menge Dinkelvollkornmehl oder eine Mischung aus 125 g Dinkel- bzw. Weizenvollkornmehl und 125 g Hirse- bzw. Maismehl
Erdbeeren: gleiche Menge andere Beeren, Trauben oder gemischte Früchte
Melissenblätter: gleiche Menge Minzeblätter

▶ 16 Stücke

für den Bisquit:
4 Eier
100 g Butter
150 g Honig, flüssig
100 ml Orangensaft
250 g Weizenvollkornmehl

für die Creme:
150 g Joghurt
150 g Crème fraîche
5 g Johannisbrotkernmehl (Biobin)
2 EL Puderzucker
1 EL Zitronenabrieb

für den Obstbelag:
1 kg Erdbeeren
10 Blätter Zitronenmelisse

Tipp

Der Bisquit lässt sich hervorragend 2 bis 3 Tage in Klarsichtfolie verpackt aufbewahren.

Schneller Käsekuchen

Leicht zu essen, schmeckt er schon den Kleinsten.

▶ **12 – 16 Stücke**

750 g Magerquark · 200 g Sahne · 3 Eier · 125 g Zucker · 150 g Vollkorngrieß (Weizen oder Dinkel) · 1 TL Weinsteinbackpulver · 1 Päckchen Vanillezucker · 1 EL Zitronensaft, etwas Zitronenabrieb · Butterschmalz für die Springform · 1 EL Grieß

- Den Backofen auf 175 Grad vorheizen. Alle Zutaten mit dem Handrührgerät verrühren. Eine Springform mit einem Durchmesser von 26 cm mit Butterschmalz ausfetten und mit 1 EL Grieß dick ausstreuen. Masse in die Form füllen und 50 Min. backen. Nach dem Abschalten den Kuchen noch einige Minuten im Backofen stehen lassen.
- Der Kuchen hält sich 2 bis 3 Tage bei Zimmertemperatur.

Austauschen Rhabarberkuchen: Die gleiche Masse auf ein Blech streichen, 800 g Rhabarber als ganze Stange daraufgeben und mit Streuseln vom Apfel-Crumble bestreuen.

Tipp

Geben Sie 100 g Rosinen oder gehackte Mandeln mit in die Masse. Der Käsekuchen schmeckt auch mit einer Fruchtsauce.

Geburtstagskuchen

Für den ersten Festtag.

▶ **12 – 16 Stücke**

250 g Butter · 4 Eier · 150 g Zucker · 250 g Dinkelvollkornmehl · 1 P. Weinsteinbackpulver · Zitronenabrieb, Vanille, Anis

- Backofen auf 180 Grad vorheizen. Backform fetten oder mit Backpapier auslegen.
- Die Butter zum Kochen bringen, die Eier aufschlagen und mit dem Zucker schaumig rühren. Mehl und Backpulver vermischen und unter die Eiermasse ziehen. Gewürze nach Geschmack hinzufügen.
- Die kochende Butter zügig unter den Teig rühren, den Teig schnell in die Form geben und ca. 35 bis 45 Minuten backen. Mit einem Holzsstäbchen die Garprobe machen und evtl. weitere 10 Minuten bei 160 Grad backen.
- Den Kuchen stürzen, auskühlen lassen und evtl. mit Puderzucker bestreuen.
- Der Kuchen hält sich bis zu einer Woche und lässt sich hervorragend einfrieren.

Austauschen Zucker: Honig
Dinkelvollkornmehl: Weizenvollkornmehl oder Weizenmehl Type 1050

Was dazu? Schlagsahne, Fruchtsauce

▶ Geburtstagskuchen

Zitronenhügel

Auch für die ganz Kleinen gut zu essen.

▶ 35 Stück

100 g Butter · 1 Ei · 100 g Honig · 250 g Dinkelmehl Type 1050 · 1 TL Weinsteinbackpulver · 3 EL Zitronensaft

- Backofen auf 175 Grad Ober-/Unterhitze vorheizen und ein Blech mit Backpapier auslegen.
- Butter, Ei (lassen sich besser verarbeiten, wenn beides Zimmertemperatur hat) und Honig cremig aufschlagen. Dinkelmehl und Backpulver vermischen, mit dem Zitronensaft unter die Butter-Ei-Masse kneten.
- Mit zwei Teelöffeln kleine Hügel auf das Blech setzen und diese 25 Min. backen. Auf einem Gitter auskühlen lassen.
- Zitronenhügel halten sich mehrere Wochen in einer Dose.

Austauschen
Honig: Zucker
Dinkelmehl: Weizenmehl Type 1050

Beerentarte

Schmeckt nach Sommer und steckt voller Vitamine.

▶ 12 Stücke

500 g Beeren (Johannisbeeren, Blaubeeren, Brombeeren) · 200 g Butter · 200 g Mandeln, gehackt · 150 g Zucker · 1 Päckchen Vanillezucker · 250 g Weizenvollkornmehl · Butterschmalz für die Form

- Die Beeren waschen, putzen und etwas abtropfen lassen. Backofen auf 180 Grad Ober-/Unterhitze vorheizen. Die Butter in einem großen Topf schmelzen. Mandeln, Zucker, Vanillezucker und Mehl dazugeben und mit den Fingern zügig zu einem Streuselteig verarbeiten. Tarte- oder Pieform mit Butterschmalz einfetten. Die Hälfte des Streuselteigs in die Form geben, darauf die Beeren verteilen und den übrigen Streuselteig darüberstreuen. 30 Min. backen.
- Die Tarte hält sich 2 bis 3 Tage bei Zimmertemperatur.

Austauschen
Mandeln: gleiche Menge Haselnüsse, Kokosraspel
Weizenvollkornmehl: gleiche Menge Dinkelvollkornmehl oder Weizenmehl Type 1050

Rezeptregister

Stichwortverzeichnis

Bibliografische Information der Deutschen Nationalbibliothek
Die Deutsche Nationalbibliothek verzeichnet diese Publikation in der Deutschen Nationalbibliografie; detaillierte bibliografische Daten sind im Internet über http://dnb.d-nb.de abrufbar.

Programmplanung: Uta Spieldiener
Redaktion: Annette Barth

Umschlaggestaltung und Layout:
Cyclus · Visuelle Kommunikation, Stuttgart

Bildnachweis:
Umschlagfoto vorn: Corbis
Umschlagfotos hinten: Getty Images
Abbildungen im Innenteil: Karin Engels, Köln: S. 5, 6, 14, 68, 73, 74, 77, 79, 84, 93, 94, 99, 109, 113, 117, 121, 127, 133, 137, 138, 143, 147, 151, 152, 155; Corbis: S. 3; st-fotograf-Fotolia.com: S. 16 oben und unten, 8, 12, 16, 18, 19, 28, 39, 63; lisalucia-Fotolia.com: S. 22; Birgit Brandhuber-Fotolia.com: S. 47; Yvonne Bogdanski-Fotolia.com: S. 52; Chris Meier, Stuttgart: S. 54, 60; Shirley Hirst-Fotolia.com: S. 56; Plainpicture/cultura: S. 64 – 65; contrastwerkstatt-Fotolia.com: S. 31

Illustrationen: Monica May-Vetter: Illustration der Esstypen, außerdem: S. 38, 39, 40, 41; Christine Lackner, Ittlingen: S. 36

2. überarbeitete und erweiterte Auflage 2012

Printed in Germany

Repro: Ziegler und Müller, Kirchentellinsfurt
Satz: Ziegler und Müller, Kirchentellinsfurt
gesetzt in: APP/3B2, Version 9.1 Unicode
Druck: AZ Druck und Datentechnik GmbH, Kempten
Gedruckt auf chlorfrei gebleichtem Papier

ISBN 978-3-8304-6055-8 1 2 3 4 5 6

Auch erhältlich als E-Book:
eISBN (PDF) 978-3-8304-6056-5
eISBN (ePUB) 978-3-8304-6545-4

Wichtiger Hinweis: Wie jede Wissenschaft ist die Medizin ständigen Entwicklungen unterworfen. Forschung und klinische Erfahrung erweitern unsere Erkenntnisse, insbesondere was Behandlung und medikamentöse Therapie anbelangt. Soweit in diesem Werk eine Dosierung oder eine Applikation erwähnt wird, darf der Leser zwar darauf vertrauen, dass Autoren, Herausgeber und Verlag große Sorgfalt darauf verwandt haben, dass diese Angabe dem **Wissensstand bei Fertigstellung des Werkes** entspricht. Die Ratschläge und Empfehlungen dieses Buches wurden von Autor und Verlag nach bestem Wissen und Gewissen erarbeitet und sorgfältig geprüft. Dennoch kann eine Garantie nicht übernommen werden. Eine Haftung des Autors, des Verlages oder seiner Beauftragten für Personen-, Sach- oder Vermögensschäden ist ausgeschlossen.

Geschützte Warennamen (Warenzeichen) werden **nicht** besonders kenntlich gemacht. Aus dem Fehlen eines solchen Hinweises kann also nicht geschlossen werden, dass es sich um einen freien Warennamen handelt.

SERVICE

Liebe Leserin, lieber Leser,

hat Ihnen dieses Buch weitergeholfen? Für Anregungen, Kritik, aber auch für Lob sind wir offen.
So können wir in Zukunft noch besser auf Ihre Wünsche eingehen. Schreiben Sie uns, denn Ihre Meinung zählt!

Ihr TRIAS Verlag
E-Mail Leserservice: heike.schmid@medizinverlage.de
Lektorat TRIAS Verlag, Postfach 30 05 04, 70445 Stuttgart, Fax: 0711 89 31-748